BELGIË IN OORLC

De militai·ᵉ begraafplaatsen van W.O.I in Vlaanderen

Michel Vansuyt en Michel Van den Bogaert

Deel 5:

De Belgische en de Duitse militaire begraafplaatsen

Uitgeverij De Krijger

1

Inhoud

Uitgeverij DE KRIJGER
Dorpsstraat 144
9420   Erpe

Tel: 053/ 80.84.49
Fax: 053/ 80.84.53
E-mail : de.krijger@proximedia.be

ISBN90-5868-011-8
WET. DEPOT D/6004/2001/14

De Belgische militaire begraafplaatsen

Tijdens de Grote Oorlog overleed in ieder leger ongeveer één soldaat op zes aan ziekte. Bij het Belgisch leger was dit echter twee op zes. De bijzondere onstandigheden waarin onze frontsoldaten aan de IJzer zich bevonden, zal daarin wel een grote rol gespeeld hebben. Ziekten die veelvuldig voorkwamen waren de besmettelijke ziekten; hersenvliesontsteking, mazelen, bof, roodvonk, rode hond, waterpokken, neus-en keelonstekingen, geelzucht, dysenterie, bloeddiarree, griep.

In de Belgische fronthospitalen werden in totaal niet minder dan 56.081 soldaten verzorgd voor opgelopen ziekten of verwondingen volgens navolgende gegevens:

Naam	Plaats	Openingsdatum	Sluitingsdatum	_Aantal verzorgden
Belgian Field Hospital	Veurne	29 okt. 1914	6 febr. 1915	
verplaatst naar	Hoogstade	6 febr. 1915	-	6.570
wordt Belgisch militair hospitaal	-		25 mei 1916	
Cabourg Chirurg Hospitaal	Adinkerke	26 april 1915	12 maart 1917	2.654
verplaatst naar	Beveren-Ijzer	12 maart 1917	17 februari 1920	7.986
Cabourg medisch Hospitaal	Adinkerke	12 maart 1917	17 februari 1920	8.246
Elisabeth hospitaal	Couthof	21 mei 1915	25 november 1918	1.810
Océan	De Panne	18 dec. 1914	15 okt. 1919	19.375
Vinkem hospitaal	Vinkem	24 okt. 1917	15 okt. 1919	9.440
			Totaal	56.081

- Het Belgian Field Hospital was in Veurne in het St.-Jans-hospitaal en het Bisschoppelijk College ondergebracht.

- Het Belgisch militair hospitaal te Hoogstade was in het rustoord Clep, waar tientallen Belgische soldaten stierven aan verwondingen opgelopen in de slag van Steenstrate 22 april 1915. De hoofdarts was er dr. Ch. Willems.

- Het hospitaal te Beveren-Ijzer werd "De Kruisstraat" genaamd naar het nabijgelegen cafee. Bij de slag bij Merkem (16 april 1918) werden 506 gewonde Belgische soldaten binnengebracht. Achtenvijftig (11%) stierven die dag aan hun verwondingen en elf op 17 april, drie-en-twintig op 18 april en nog eens zeven op 19 april.

- In "Cabourg" werden van mei 1915 tot en met februari 1917 3.324 man opgenomen, waarvan 2.811 oorlogsgewonden. "Cabourg" werd in februari 1917 gesplitst. Dokter Derache ging met de heelkundige afdeling naar Beveren-IJzer en de zieken bleven in Adinkerke onder directie van prof. Dr. Nolf, hoogleraar aan de universiteit van Luik.

"Océan" was onder de directie van dr. Depage, hoogleraar aan de Brusselse universiteit. De legeraalmoezeniers waren onder het gezag en de leiding van de inspecteur-generaal van de gezondheidsdienst van het leger, luitenant-generaal geneesheer L. Melis.

De Belgische militaire hospitalen in Frankrijk, te Calais, te Rennes, te Dinard, te Saint-Brieux, te Granville en te Villedieu evenals Sandgate (Kent) kunnen bezwaarlijk front-hospitalen genoemd worden.

Officieel zijn thans 15.790 gesneuvelden uit W.O. I, benevens 1317 gevallenen van W.O. II begraven op 21 begraafplaatsen in België.

De meeste Belgische gesneuvelden werden door hun familie in de familiekelder op het burgerlijk kerkhof van hun woonplaats bijgezet. Het onderhoud van de begraafplaatsen berust vanaf 1 januari 1969 bij het Ministerie van Binnenlandse Zaken – Dienst Militaire Begraafplaatsen, Koningsstraat 64 – 66, 1000 Brussel.

Gesneuvelden uit W.O. I liggen begraven in Adinkerke, Brugge, De Panne, Hoogstade, Houthulst, Keiem, Oeren, Ramskapelle, Steenkerke, Westvleteren in West-Vlaanderen, evenals in Ougrée, Halen, Sainte-Margriete-Houtem, Boncelles, Champion en Wilrijk.

De grafzerken bestaan uit een zware arduinen steen, gebogen bovenaan met twee omkrullingen aan de uiteinden en daarop een bronzen plaat met naam en voornaam van de gesneuvelde en met de rang of graad en datum van overlijden. In veel gevallen komt daar de vermelding "stierf voor België" – "gestorven voor België" – "mort pour la Belgique", bij. Bovenaan is er een versiering met de Belgische driekleur (schuin of rechtopstaand) ofwel een klimmende driekleurige leeuw (wat geen bijzondere betekenis heeft).

Op de bronzen plaat komen ook de afbeelding voor van één, twee of drie decoraties voor. In veel gevallen is dit de herinneringsmedaille (het cijfer 14 in een cirkeltje) ofwel de overwinningsmedaille (hoofdletter V), ook de IJzermedaille ofwel de orde van Leopold, ridder in de Leopoldsorde, etc. Het zou ons te ver leiden om per geval de decoraties te vermelden omdat veel decoraties eerst jaren na de oorlog postuum verleend werden.

Op de grafsteen van een onbekende komt de tekst voor :

Een aantal Vlaamse gesneuvelden rusten onder een zogenaamde heldenzerkjes, een ontwerp van kunstenaar Joe English. Die werd geboren op 5 augustus 1882 in Brugge uit een Ierse vader en een Vlaamse moeder. Hij diende in de oorlog in de "section artistique" en stierf op 31 augustus 1918 in het krijgshospitaal van Vinkem aan een blindedarmontsteking. Joe English koos voor het heldenzerkje een Keltisch kruis naar Iers voorbeeld met de letters A.V.V. (Alles voor Vlaanderen) V.V.K. (Vlaanderen voor Kristus), met daaronder de omhoog-vliegende blauwvoet, naar Albrecht Roden-bach.

Door de oorlogsomstandigheden vond menig Belgisch gesneuvelde zijn laatste rustplaats niet in de familiekelder maar soms ver weg. Wij citeren slechts enkele gevallen :

- Theodore Denturck werd geboren op 22 oktober 1871 in Wulvergem (Heuvelland). Op 14-jarige leeftijd ging hij naar de regiments-school in Oostende. Als kapitein-commandant in het 3^e linieregiment was hij op 25 oktober 1914 bij de verdediging van het bruggenhoofd van Schoorbakke wanneer een kartetsscherf zijn buik openscheurde. Hij werd overgebracht naar het hospitaal Rosendael te Duinkerke waar hij nog dezelfde dag stierf. Hij werd begraven op het nabijgelegen burgerlijk kerkhof van Couderkerque Branche.

- Hilaire Caignie werd geboren op 25 januari 1886, eveneens in Wulvergem (Heuvelland). Bij het uitbreken van de oorlog was hij gemobiliseerde korporaal in de 11^e linie – met immatriculatienummer 55532 – aan de Duitse grens. Bij schermutselingen met Duitse voor-posten werd hij in de nacht van 4 op 5 augustus 1914 op het burgerlijk kerkhof van Herstal tijdens schermutselingen met de oprukkende Duitse soldaten, wanneer hij achter een graf-steen had postgevat, door een bajonet in de rug neergestoken. Hij werd begraven op het burgerlijk kerkhof van Rhees bij Luik en be-hoorde tot de allereerste Belgische militaire slachtoffers van de Grote Oorlog. (De eerste was lansier Antoine Fonck uit Calonne die neergeschoten werd in de morgen van 4 augustus 1914 in Thimister)

- Hector Lefebvre werd geboren op 29 juli 1889 in Westouter (Heuvelland). In 1909 verrichtte hij zijn militaire dienstplicht. Op 19 oktober 1916 werd hij ingelijfd in het 21e linieregiment. Op de dag van de Wapenstilstand lag zijn eenheid tegen het Kanaal Gent-Terneuzen in Sleidinge. Hector gaf in de euforie dat de Oorlog gedaan was zijn dekking te vroeg op en om 10 uur – één uur voor de officiële beëindiging van de Oorlog – werd hij door een Duitse sluipschutter neergeschoten. Hij werd eerst in Sleidinge begraven en in 1924 kreeg hij een graf op het ereperk van de Gentse stedelijke begraafplaats.

- Petrus Hofmans werd geboren op 12 sep-tember 1898 in Ossel. In juni 1915 kwam hij vrijwillig aan het Ijzerfront als soldaat bij het 11^e linieregiment. Hij sneuvelde te Lendelede, Winkel St-Elooi op 15 oktober 1918 en werd begraven te Lendelede. In februari 1919 werd zijn stoffelijk overschot door de familie ontgraven en per paardenlijkwagen naar het kerkhof van Ossel overgebracht.

Op enkele meter van het militair kerkhof in Brugge hebben volgende Bruggelingen op het burgerlijk kerkhof hun graf :
- Firmin Nieuwejaers – soldaat 7^e linie, 22 j., gestorven in De Panne op 3 november 1918.
- Kamiel Valcke – soldaat 4^e linie – 1892/1918

-Vital Vrielynck – soldaat 15e linie – 1892/ 21.03.1918

In de crypte van de IJzertoren werd in 1932 het stoffelijk overschot van volgende IJzerfront-soldaten bijgezet:

- Adjudant Firmin Deprez (6e linie)
Hij werd geboren op 18 mei 1890 in Kortemark en sneuvelde op 21 mei 1916 in Noordschote

- Soldaat Renaat De Rudder (8e linie) werd geboren op 11 december 1897 in Oostakker en sneuvelde op 17 december 1917 bij Merkem

- Kunstenaar Joe English

- Brancardier Frans Kusters (15e linie) werd geboren op 9 januari 1891 in Rekkem. Op 22 augustus 1917 werd hij in Kaaskerke door een machinegeweerkogel getroffen en stierf drie dagen later in het hospitaal te Hoogstade.

- Soldaat Frans Van der Linden (6e linie) werd geboren op 6 juni 1894 in Antwerpen en stierf aan een ziekte op 3 november 1918 te St.-Michiels-Brugge.

- De gebroers Edward en Frans van Raemdonck kwamen uit Temse. Zij waren beiden sergeant in het 24e linieregiment. Edward werd geboren op 8 oktober 1895 en Frans op 24 januari 1897. Beiden namen vrijwillig dienst in het leger bij het uitbreken van de oorlog op 19- en 17-jarige leeftijd. Zij sneuvelden in de nacht van 25 op 26 maart 1917 tijdens een aanval op de Duitse stelling van het Stampkot in Steenstrate en werden vereremerkt met het Oorlogskruis en tot Ridder in de Leopoldsorde benoemd.

- Soldaat Amé Fiévez werd geboren op 7 maart 1891 te Calonne (Namur) en sneuvelde samen met de gebroers Van Raemdonck tijdens dezelfde aanval op het Stampkot.

- Sergeant mitralleur Hubert Willems (17e linie) werd geboren op 31 januari 1894 in Wambeek (Antwerpen). Hij sneuvelde op 29 september 1918 als oorlogsvrijwilliger.

- De familie van Lode de Boninge verzette zich tegen het bijzetten van zijn stoffelijke resten in de IJzertoren. Ze wonnen het pleit en hij werd begraven in Wevelgem.

- De dichter Juul De Winde werd geboren op 13 mei 1893 in Merchtem (Brabant) en sneuvelde als luitenant bij de karabiniers op 28 september 1918 in de beemden van Westrozebeke. In 1937 werd het stoffelijk overschot overgebracht. In mei 1932 werd rechts van de weg Poelkapelle – Westrozebeke (N 313) aan de westelijke voet van de Zeugeberg een gedenkteken opgericht met daarop: "Aan Lt. De Winde".

Nota van de auteur
In de beschrijving van de diverse begraaf-plaatsen hebben wij bewust het bijvoegsel "regiment" in bv. 1e linieregiment, 2e linie-regiment weggelaten en kortweg vermeld "1e linie", "2e linie" etc.

Militaire begraafplaats Adinkerke.
Dit "kerkhof" bevindt zich naast het burgerlijk kerkhof aan de St. Audomaruskerk. 1717 Belgische soldaten liggen hier begraven – waarvan 111 onbekenden. Zes heldenzerkjes A.V.V. – V.V.K. met de blauwvoet erop kunnen gemakkelijk gelokaliseerd worden boven de standaardzerkjes uit, en duiden het graf aan van :

- Justin De Becker, soldaat 2e linie –
Geboren op 1 augustus 1897 in Leuven en gesneuveld op 7 augustus 1917   875

- Pieter Losterman, soldaat 1e jagers te voet Geboren op 31 december 1894 in Vollezele en

Ingang van de militaire begraafplaats van Adinkerke.

gesneuveld op 15 mei 1916   1.319

- Egidius Slegers, brancardier 4[e] jagers te voet
Onderwijzer – geboren in Lommel gesneuveld
op 15 augustus 1915   1.696

- Daniël Thenaerts, soldaat 1[e] linie
Geboren op 29 februari 1896 in Melsbroek en
gesneuveld op 14 november 1915   1.550

- Kamiel Trap, brancardier 8[e] linie
Geboren op 21 februari 1890 in Grimbergen en
gesneuveld op 6 mei 1916.   1.408

- Karel Van Vooren, soldaat 5[e] vervoerkorps
Geboren op 14 december 1883 in Sleidinge en
gesneuveld op 9 mei 1916.   1.276

Achteraan in de begraafplaats , links en rechts
van de wandelgang bevinden zich een vijftal
speciale grafstenen voor :

   o Paul Pierart (sergeant granaatwerpers)
Sneuvelde op 17 ° jarige leeftijd te Kaaskerke
op 2 mei 1916   767

   o Kapitein – commandant Charles Borlée
(1e jagers te voet)
Sneuvelde op 12 mei 1916 tijdens een geweldig
vijandelijk bombardement. Hij werd geboren
op 15 november 1869 in Jodoigne   763

   o Paul Maréchal (sergeant 2e linie)
Werd geboren in Namen en sneuvelde voor
Diksmuide op 1 februari 1917.   780

   o Leon Charles Etienne de Maelcamp
d'Opstael (21) – (sergeant vliegenier)
Vond de dood op 22 augustus 1917, wanneer
zijn vliegtuig tijdens een proefvlucht crashte in
de Moeren. Hij werd opgenomen in de orde
van Leopold II.. Hij werd geboren op 13
augustus 1896 in Brussel.   735

- In graf 753 rust Louis Lecerf, Frans militair,
datum van overlijden onbekend.

- Aalmoezenier Alphonse Spiloes werd geboren
op 29 maart 1888 in Mechelen. Hij meldde zich
vrijwillig in augustus 1914 en werd aalmoezenier in de 3[e] jagers te voet op 27 september.
Hij riskeerde meermaals zijn leven in de voorste
loopgraven en werd gedood in Ramskapelle

Fernand Baron de Woot de Trixhe.
(Arch. Rerren /ASA)

op 12 maart 1916, door een granaatscherf die hem de ingewanden verscheurde.   389

- Oscar Van de Weghe werd geboren op 27 september 1871 in Tielt. Op 26 oktober 1914 werd hij tewerkgesteld als militair geneesheer te Cherbourg. Hij stierf in de ambulancie "l'Océan" in de Panne op 5 juli 1915 aan een hersenaandoening.   976

- Charles Van Vijve (+14mei 1915) was veearts bij de generale staf. Hij werd geboren op 19 februari 1867 in Brussel. Hij overleed te Hoogstade.   757

- Fernand Baron de Woot de Trixhe (1ᵉ sergeant vliegenier) werd op 19 oktober 1886 geboren in Presseux – Sprimont. Hij meldde zich vrijwillig op 2 augustus 1914 en ging over naar het vliegwezen in september 1915. Hij veronge-

lukte met zijn vliegtuig op 29 mei 1917.   740

- Onderluitenant Albert Anciaux (20ᵉ linie) werd geboren op 13 december 1894 in Oudenaarde. Hij werd zwaar gewond op 4 december 1917 en stierf twee dagen later in het hospitaal van Hoogstade.   789

- Onderluitenant Joseph Basyn (4ᵉ linie) werd geboren op 4 augustus 1891 in Brugge. Hij verdedigde de stelling "Maison du Passeur" aan de IJzer, waar hij neergeveld werd door een granaatscherf op 9 juli 1915.   960

- Luitenant Fernand Borremans (2ᵉ grenadiers) werd geboren op 20 juli 1888 in Dendermonde. Zwaar ziek bleef hij op zijn post in de loopgraven van Steenstrate tot hij naar hospitaal 'Elisabeth" in De Panne werd overgebracht, waar hij stierf in de nacht van 11 op 12 augustus 1915.   124

- Kapitein Gustave Boucan (2ᵉ jagers te voet) werd geboren op 3 april 1884 in Molembaix (Celles) Hij stierf in Ramskapelle – Rijkenhoek op 16 april 1916 aan zijn opgelopen verwondingen.   783

- Onderluitenant Armand Bourguignon (10ᵉ linie) werd op 8 juni 1892 geboren in Roclenge-sur-Geer. Een Duitse granaatinslag velde hem in Nieuwpoort op 3 februari 1915.   478

- Luitenant Jules Bourlet (8ᵉ linie) werd geboren op 5 januari 1886 in Biesmes. Op 27 december 1915 werd hij in de eerste loopgraven door een kogel in de buik dodelijk getroffen.   197

- Onderluitenant Prosper Colpaert (10ᵉ linie) werd geboren op 18 april 1894 in Gent. Hij was een oorlogsvrijwilliger en vond de dood bij een artilleriebeschieting in de sector van Boezinge op 2 juli 1917   755

- Onderluitenant Emile Coriat (3ᵉ artillerie) werd geboren op 15 juli 1892 in Brussel. In zijn observatiepost hoog in de klokkentoren van de kerk van Oostkerke werd hij op 23 mei 1915 door een obus dodelijk getroffen.   893

- Kapitein – commandant Maurice Davreux (artillerie) werd geboren op 20 oktober 1875 in Luik. Hij was stafofficier en sneuvelde op 26 juli 1916 wanneer hij in eerste linie de artillerie aan het richten was.   1.185

- Luitenant Henri de Brogniez (4ᵉ artillerie) werd geboren op 19 februari 1886 in Lixhe (Visé) Hij organiseerde een wel onderhouden artillerievuur tegen de vijandelijke stellingen op 20 maart 1916 in Oostkerke wanneer hij zwaar gewond geraakte. Hij overleed in het militair hospitaal van Hoogstade.   1.543

- Onderluitenant Edouard Dejardin (12ᵉ linie) werd geboren op 11 maart 1892 in Verviers. Hij werd neergeschoten voor Diksmuide door een vijandelijk vliegtuig op 29 juni 1916. 1.222

- Onderluitenant Georges de Kimpe (13ᵉ linie) werd geboren op 2 april 1893 in Moregem. Een vijandelijk bombardement op Veurne op 17 november 1916 kostte hem het leven.   768

- Onderluitenant Joseph de la Haye (artillerie) werd geboren op 24 juli 1885 in Beveren-Waas. Hij was oorlogsvrijwilliger en sneuvelde op 12 mei 1916 vòòr Diksmuide.   1.333

- Onderluitenant Marcel Delrez (4ᵉ genie) werd geboren op 18 oktober 1890 in Flémalle-Grande. Hij stierf een tragische dood in Koksijde op 6 augustus 1916.   1.145

- Kapitein Joseph Delvaux (8ᵉ linie) werd geboren op 6 april 1893 in Senzalles. Hij sneuvelde op 3 mei 1916   138

- Onderluitenant Alphonse Demailly (4ᵉ linie) werd geboren op 28 juli 1892 in Warneton. In de gevechten om Duffel, in september 1914, geraakte hij zwaar gewond. Hij sneuvelde tijdens een gevecht met de vijand te Noordschote op 15 september 1915.   1.647

- Onderluitenant Henri Demaret (13ᵉ linie) werd geboren op 5 april 1891 in Lessines. Hij werd belast op 30 juli 1915 met de verdediging van de voorpost van Beverdijk – Ramskapelle en stierf er de heldendood.   65

- Onderluitenant Charles Deppe (13ᵉ linie) werd geboren op 31 oktober 1894 in Brussel. Op 20 juni 1915 kreeg hij de opdracht de versterkte vijandelijke positie hofstede Terstille te verkennen. Daarbij werd hij door een kogel in het hart geraakt.   142

- Onderluitenant Oscar Dessart (8ᵉ linie) werd geboren op 16 april 1893 in Bihain. Hij werd een eerste maal gewond op 26 oktober 1914 te Ooststuivekenskerke, kwam terug naar het front in 1915 en werd dodelijk gewond , in bevolen dienst, te Kaaskerke op 19 maart 1916.   420

- Luitenant Edgard Devillers (1ᵉ jagers te voet) werd geboren op 24 september 1893 in Arlon. Bij instructie aan zijn manschappen werd hij door een granaat getroffen en bezweek hij aan zijn verwondingen te Hoogstade op 15 juli 1916.   1.167

- Onderluitenant Gabriël Devreux sneuvelde op 17 augustus 1917.   737

- Onderluitenant André De Wilde (14ᵉ linie) werd op 1 mei 1889 geboren in Barbençon. Op 14 februari 1916 werd hij te Eggewaerts-Kapelle gedood door vijandelijk artillerievuur.   298

- Luitenant Georges D'Hondt (4e artillerie) werd geboren op 5 augustus 1885 in Gent. Op 7 december 1915 werd hij in Lampernisse dodelijk getroffen door een kartetskogel in het hoofd.   746

- Onderluitenant Charles Dorvillers (3e linie) werd geboren op 27 maart 1875 in Luik. Hij had meerdere raids uitgevoerd (onder andere op de hofstede Violette) en werd door een bom gedood te Zuidschote op 12 februari 1916.   578

- Majoor Eugène Fally (2e artillerie) sneuvelde op 14 september 1917   784

- Kapitein André Géruzet (10e linie) werd geboren op 25 juni 1880 in Brussel. Hij werd gewond in 1914 en 1915. Hij sneuvelde op 5 mei 1916 te Diksmuide tijdens een vijandelijk bombardement.   1.376

- Onderluitenant Célestin Justin (9e linie) werd geboren op 27 augustus 1888 in Brugge. Tijdens een treffen met de vijand te Stuivekenskerke op 22 april 1915 werd hij zwaar gewond. Hij bezweek 's anderendaags aan zijn verwondingen in "l'Océan" in De Panne.   676

- Luitenant Paul Hanciau (vliegwezen) werd geboren op 26 januari 1885 in Ixelles. In een luchtgevecht tegen meerdere vijandelijke vliegtuigen op 5.000 m hoogte noordelijk van Diksmuide werd hij zwaar gewond op 30 september 1917. Hij kon zijn zwaar gehavend vliegtuig in de eigen stellingen aan de grond zetten alvorens te bezwijken aan zijn verwondingen.   743

- Luitenant Lucien Jacques (2^e linie) werd geboren op 26 april 1890 in Doornik. Op 27 mei 1915 trof een vijandelijke kogel hem in het voorhoofd toen hij in Steenstrate een vooruitgeschoven post inspecteerde.   742

- Onderluitenant Jean Joos (7^e linie) werd geboren op 1 november 1892 in Stekene. In het begin van de oorlog was hij sergeant. Hij werd tot officier bevorderd door zijn moedig gedrag in de Ijzerslag. Hij stierf dapper voor Diksmuide op 4 april 1917.   732

- Kapitein Emile Laforêt (10^e linie) werd geboren op 13 november 1878 in Parijs. Hij had zich in het begin van de oorlog reeds dapper onderscheiden en sneuvelde moedig voor Nieuwpoort op 3 februari 1915.   479

- Onderluitenant Joseph Lambert (13e linie) werd op 12 juli 1888 geboren in Dinant. Hij werd door een vliegtuigbom zwaar verminkt en stierf in "l'Océan" te De Panne op 28 november 1915   100

- Onderluitenant Emile Lambert (13e linie) werd op 25 mei 1890 geboren in Corbion. Hij werd een eerste maal gewond in Namen op 23 augustus 1914, en werd dodelijk geraakt in de eerste frontlinie te Ramskapelle op 21 juni 1916.   1.247

- Onderluitenant Octave Lamotte (10^e linie) werd geboren op 7 september 1895 in Butler/ Pennsylvanie - U.S. Hij sneuvelde op 2 januari 1915 bij de verdediging van een boerderij voor Nieuwpoort.   480

- Onderluitenant Baudouin Leprince (1^e jagers te voet) werd geboren op 6 oktober 1893 in Presles. Een vijandelijke kogel trof hem in het voorhoofd op 31 januari 1917 voor Diksmuide.   770

- Onderluitenant Paul Lippens (3^e artillerie) werd geboren op 11 september 1876 in Gent. Hij sneuvelde op 20 augustus 1915 in Oudstuivekenskerke in de eerste linie tijdens een Duitse aanval.   1.674

- Kapitein Joseph Marchal (genie) werd geboren op 20 november 1870 in Pondrome. Hij onderscheidde zich in de gevechten tijdens de aanvang van de oorlog en sneuvelde in Kaaskerke op 22 juni 1916   1.245

- Onderluitenant Georges Mathy (12^e linie) werd geboren op 30 augustus 1894 in Beauraing. Hij liep twee verwondingen op aan de Ijzer te Diksmuide, op 24 augustus 1914 en op 15 februari 1916. Een derde kwetsuur op 1 juli werd hem fataal.   1.221

- Onderluitenant Jean Moyses (8^e linie) werd op 17 juni 1883 in Brussel geboren. Wanneer hij een gewonde makker ter hulp snelde voor Diksmuide op 25 januari 1916 werd hij gedood door een kogel in het voorhoofd.   258

- Luitenant Gaston Nagels (genie) werd geboren op 22 februari 1874 in Antwerpen en sneuvelde op 15 maart 1917 te Veurne.   763

- Kapitein-commandant Lucien Poliet (3^e genie) werd geboren op 25 januari 1885 in Ixelles. Hij sneuvelde dicht bij de Dodengang op 8 september 1916   764

- Onderluitenant Paul Renkin (9^e linie) werd geboren op 15 mei 1886 in Ixelles. Als vrijwilliger bracht hij het in korte tijd aan het front door zijn heldhaftige daden tot officier. Aan Vicogne werd hij op 23 april 1915 gedood door een shrapnelscherf in het voorhoofd.   738

- Luitenant Georges Schaek de Broeckdorff (artillerie) werd geboren op 2 november 1885 in Antwerpen. Hij begon de oorlog als simple piot op 4 augustus 1914 en hij sneuvelde op 14 september 1917 na de bestorming van een Duitse post te Pervijze, te De Panne aan zijn verwondingen.   785

- Majoor Jean Schoofs (18^e linie) werd geboren op 22 augustus 1869 in Brugge. Een kogel trof hem dodelijk te midden zijn manschappen in een vooruitgeschoven stelling te Steenstrate op 3 juli 1917.   739

- Kapitein-commandant Charles Schutz (artillerie) werd geboren op 2 november 1873 in Sampigny. (Fr.) Op 31 december 1915 liep hij een zware verwonding op, waaraan hij 's anderendaags stierf in "l'Océan" in De Panne.   779

- Onderluitenant Ernest Servais (3e linie) werd geboren op 21 februari 1892 in Ieper. Hij sneuvelde op 18 augustus 1915 : te Zuidschote rukte een kartets hem het hoofd af.   1.583

- Luitenant - waarnemer André Smits (vliegwezen) werd geboren op 24 september 1891 in Brussel. Op 13 maart 1916 verongelukte hij toen hij na de landing in De Panne verstrooid in de draaiende propeller liep.   419

- Luitenant Norbert Steinmetz (4e jagers te voet) werd geboren op 25 mei 1890 in Bastogne. Hij werd een eerste maal gewond in 1914 tijdens de verdediging van Antwerpen. Op 15 mei 1916 werd hij voor Diksmuide dodelijk geraakt door een inslaande vijandelijke granaat.   139

- Onderluitenant Raoul Tombeur (4e jagers te voet) werd geboren op 12 november 1888 in Gent. Hij werd dodelijk gewond in Oudstuivekenskerke op 21 maart 1916 en bezweek aan zijn verwondingen in "l'Océan" in De Panne.   130

- Onderluitenant Joseph Vander Auwera (8e linie) werd geboren op 7 mei 1887 in Schaarbeek. Hij sneuvelde in een zwaar bombardement op de Belgische stellingen voor Diksmuide op 3 januari 1916.   198

Belgische militairen begraven op het burgerlijk kerkhof in Brugge.

- Kapitein-Commandant Leon Verheyden (4ᵉ artillerie) werd geboren op 14 februari 1882 in Brasschaat. Aan de IJzer werd hij zwaar gewond op 9 september 1916. Hij overleed 's anderendaags in "l'Océan" in De Panne. 765

- Sergeant Graaf Paul de Goussencourt (vliegwezen) werd geboren op 14 januari 1892 in Obourg. Hij meldde zich vrijwillig om Luitenant-waarnemer De Cubber - op zijn verkennings-vlucht om de artillerie te richten - te begeleiden en Duits luchtafweergeschut schoten zijn vliegtuig in brand boven Diksmuide op 12 mei 1917. 741

- Sergeant Edward Herman (vliegwezen) werd geboren op 25 augustus 1896 in Antwerpen. Tijdens een zeer gevaarlijke opdracht werd hij boven Houthem neergehaald op 23 oktober 1917. 787

Militaire begraafplaats Brugge

Deze begraafplaats bevindt zich achteraan het burgerlijk kerkhof in de Kleinekerkhofstraat, te bereiken langs de Baron Ruzettelaan. De 611 soldaten die hier begraven werden – er zijn 17 onbekenden -, zijn veelal slachtoffers van de Spaanse griep, die in het nabije Zusters van Liefdehospitaal opgenomen werden en stierven in de laatste oorlogsweken of na de Wapenstilstand. Verder rusten hier ook vijfenzestig militairen uit de Tweede Wereldoorlog.

- Onderluitenant Camille Claerhout (7ᵉ linie) werd geboren op 11 december 1886 in Antwerpen. Hij werd zwaar gewond te Zomergem maar bleef op post tot hij zekerheid had dat de hem opgedragen taak succesvol was. Hij bezweek aan zijn verwondingen op 21 oktober 1918. 452

- Kapitein-commandant Albert De Cleene (8e linie) werd geboren op 5 januari 1888 in Etterbeek. Hij verdiende zijn promoties op het slagveld. Op 22 oktober 1918 werd hij in Merendree gewond. Zes dagen later keerde hij weer naar het front, onvoldoende hersteld en hij bezweek aan zijn verwondingen in het hospitaal te Brugge op Wapenstilstandsdag 11 november   69

- Onderluitenant Jean-Marie Nicolas (7e linie) werd geboren op 21 mei 1895 in Martelange. Hij was aan het front van bij de aanvang van de Groote Oorlog. Samen met onderluitenant Camille Claerhout werd hij in Zomergem zwaar gewond en sneuvelde er later op 21 oktober 1918   459

- Luitenant Charles Pettens (4e linie) werd geboren op 5 juli 1888 in Leuven. Hij nam dienst toen de Oorlog uitbrak en werd tweemaal zwaar gewond. Pettens sneuvelde op 26 oktober 1918 tijdens het eindoffensief.
8

- Onderluitenant Walter Philippart werd geboren op 3 augustus 1882 in Val-de-poix (Hatrival). Als veearts in het 4e regiment artillerie werd hij op 23 augustus 1914 gevangen genomen, waarop meer dan vier jaar krijgsgevangenschap volgde in Duitsland. Na zijn vrijlating stierf hij in Brugge aan de opgelopen ontberingen op 5 december 1918.   48

- Majoor Victor Philippot (7e linie) werd geboren op 17 oktober 1869 in Antwerpen. Te Zomergem werd hij op 21 oktober 1918 door drie machinegeweerkogels getroffen. Op de 28e overleed hij te Brugge.
209

- Kapitein Victor Van den Bossche (21e linie) werd in Gent op 7 juli 1892 geboren. Hij meldde zich vrijwillig bij het uitbreken van de

oorlog als onderofficier en bracht het tot kapitein door zijn moed aan het front. Op 11 november 1914 werd hij gewond voor Diksmuide. Op 28 oktober 1918 velde de griep hem voor Maldegem. Hij overleed te Brugge op 8 november.   25

- Kapitein Henri Vander Stichel (21e linie) werd geboren op 6 december 1880 in Gent. Deze briljante officier werd neergeveld door een granaatscherf toen hij de bestorming van een hoeve te Adegem leidde op 22 oktober 1918.   357

- Onderluitenant Gilbert Verhaegen (8e linie) werd geboren op 8 december 1893 in Balegem. Hij overleed aan zijn verwondingen op de dag van de Wapenstilstand.   153

- Luitenant Adolphe Volckaert (1e linie) werd geboren op 13 februari 1886 in Schaarbeek. Op 30 oktober 1918 te Maldegem werd hij door machinegeweerkogels getroffen. Hij overleed in het hospitaal van Brugge op 7 november.   21

Tussen de graven is er één Brit, Corporal L. Robinson van de "Royal Air Force" gestorven op 14 februari 1919.

- Dichtbij liggen Britse militairen van W.O. II begraven: 8 matrozen, 59 soldaten en 15 airmen, evenals een Nederlandse militair :
J.A. Schut – 3 R.I. – 29-4-21/25-11-44

Militaire begraafplaats De Panne
Aanliggend achteraan het burgerlijk kerkhof in de Kerkstraat zijn in totaal 3.748 graven aangelegd van Belgische soldaten en officieren gesneuveld in de Eerste Wereldoorlog – met 551 onbekenden - met ook een aantal uit 1940. Dit is uitgebouwd in achttien blokken van A tot en met R.

Militaire begraafplaats De Panne in de sneeuw.

Er zijn dertien heldenzerkjes A.V.V. – V.V.K.:
- Jan Conissen – korporaal 11e linie – Geboren op 26 februari 1893 in Elen en gesneuveld op 29 april 1918.   J 1

- Jeroom De Bruyne – soldaat 3e karabiniers. Geboren op 29 oktober 1888 in Oostvleteren en gesneuveld op 18 maart 1918.   C 163

- Emiel Philippart – korporaal 11e linie. Geboren op 10 mei 1896 in Alken en gesneuveld op 20 april 1918.   I 130

- Jeroom Provoost – soldaat 24e linie. Geboren op 17 november 1893 in Koolskamp en gesneuveld op 28 september 1918.   G 74

- Robert Pinxeton – soldaat 12e linie – Geboren op 17 juni 1896 in Alken en gesneuveld op 19 mei 1918.   J 33

- Lodewijk Tijsmans, brancardier 6e jagers te voet. Geboren op 29 augustus 1897 in Hemiksem en gesneuveld op 4 oktober 1918. F 118

- Jacob Van Dyck – soldaat 7e linie - Geboren op 26 juni 1894 in Loenhout en gesneuveld op

18 maart 1918   L 4

- Juliaan Van Eeghem – sergeant 20e linie – Geboren op 13 mei 1890 in Oostkamp en gesneuveld op 6 februari 1919.   D 200

- Franciscus Van Hissenhove – soldaat 7e linie. Geboren op 2 oktober 1893 in Wilrijk en gesneuveld op 20 juli 1918   C 221

- Karel Van Looy – soldaat 19e linie. Geboren op 29 februari 1896 in Tilburg (NL) en gesneuveld op 30 september 1918.   B 148

- Arthur Van Walle – soldaat 2e jagers te voet. Geboren op 18 november 1894 in Lokeren en gesneuveld op 14 mei 1918   J 22

- Michel Vermeulen – soldaat 5e linie. Geboren op 15 oktober 1893 in Ingelmunster en gesneuveld op 16 mei 1918   D 130

- Emerie Watteny – soldaat 11e linie. Geboren op 13 januari 1890 in Koolskamp en gesneuveld op 29 juli 1917   J 30

Onder een afzonderlijke zerk rust oorlogsvrijwilliger Jacques De Keyser, adjudant 3ᵉ jagers te voet. Gesneuveld op 11 oktober 1918. B 190

- Sergeant Georges Denijs werd geboren op 26 november 1890 in Gent Hij woonde in Kortrijk en was sinds 1910 beroepssoldaat. Denijs sneuvelde op 4 juni 1915 in Oostkerke en werd eerst begraven in een weide bij cafe Lettenburg. Zijn graf werd naar hier overgebracht in 1924. P 155

Midden in blok L is een koperen gedenkplaat met de namen van 32 gesneuvelde Franse soldaten.

- Kapitein – commandant Lucien André (1ᵉ genie) werd geboren op 19 december 1875 in Masy / Namur. Na deelgenomen te hebben aan de eerste krijgsverrichtingen sneuvelde hij aan de IJzer te Nieuwpoort op 3 november 1914. B 250

- Luitenant Ulysse Ars (3ᵉ karabiniers) werd geboren op 31 maart 1894 in Sirault. Hij sneuvelde eveneens te Nieuwpoort op 18 maart 1918. C 245

- Onderluitenant Leandre Barbieux (Hulptroepen van de genie) overleed na de oorlog (op 7 augustus 1919) aan zijn verwondingen. F 258

- Onderluitenant Gustave Basyn (eveneens hulptroepen van de genie) werd geboren op 7 juni 1884 in Antwerpen. Na de val van Antwerpen werd hij geïnterneerd in Holland waar hij ontsnapte en opnieuw dienst nam. Hij stierf op 18 november 1918 in het militair hospitaal Cabour in Adinkerke. H 195

- Onderluitenant Julien Beckers (12ᵉ linie) werd geboren op 11 april 1891 in Kessenich. In het eindoffensief werd hij zwaar gewond en naar het militair hospitaal van Beveren-IJzer overgebracht, waar hij stierf op 8 november 1918. K 63

- Kapitein – commandant Henri Blancgarin (1ᵉ karabiniers) werd geboren op 25 maart 1878 in Schaarbeek. Aan Drie Grachten liep hij in april 1915 meerdere blessures op en viel in de handen van de vijand. Hij bezweek aan zijn verwondingen in Roeselare op 29 april 1915. C 233

- Kapitein Constantin Blanckaert (3ᵉ karabiniers) werd geboren op 3 mei 1884 in St.-Joost-ten-Node. Tijdens het eindoffensief werd hij in Westrozebeke zwaar gewond op 28 september 1918. Hij stierf één maand later – 30 oktober – in Calais. P 40

- Majoor Jean-Baptiste Bontingh (16ᵉ linie) werd geboren op 8 januari 1868 in Antwerpen. Hij had juist het bevel van het regiment overgenomen wanneer hij op 18 maart 1918 in Avekapelle door een kartets getroffen werd. Hij bezweek aan zijn verwondingen in "l'Océan" in De Panne. O 168

- Luitenant Louis Boutfeu (1ᵉ jagers te voet) werd geboren op 20 juni 1895 in Luik. Aan de Steenbeke werd hij in het eindoffensief dodelijk getroffen op 28 september 1918. C 142

- Onderluitenant Elie Bovy (6ᵉ genie) werd geboren op 7 oktober 1892 in Schaarbeek. Hij was actief aan het front van bij de eerste krijgsverrichtingen en onderscheidde zich meermaals. Op 10 augustus 1917 werd hij door een granaatscherf in St.-Jakobskapel geraakt en stierf 's anderendaags in Hoogstade. B 12

- Luitenant Robert Busine (3ᵉ karabiniers) werd geboren op 19 april 1894 in Mons. Op 27 maart 1918 leidde hij zijn manschappen naar de Duitse stellingen van St.-Joris, waarbij hij dodelijk getroffen werd. C 236

- Kapitein Paul Claes (2ᵉ artillerie) werd geboren op 12 juni 1892 in Elsene. Hij werd door een Duitse vliegtuigbom gedood op 13 november 1917.							B 220

- Onderluitenant William Cornesse (luchtwezen) werd geboren op 13 maart 1890 in Stavelot. Op 21 mei 1918 was hij in de Moeren op grote hoogte artilleriewaarneming aan het maken toen zijn vliegtuig plots in brand vloog en hij neerstortte.							B 222

- Luitenant Paul Craen (1ᵉ jagers te paard) sneuvelde op 8 september 1918					B 213

- Onderluitenant Leopold Cruyssaert (ordonnantie) Sneuvelde op 23 februari 1918			Q 26

- Onderluitenant baron Jules de Baré de Comoque (7ᵉ artillerie) werd geboren op 19 september 1888 in Luik. Hij maakte de ganse oorlog mee en sneuvelde voor Boezinge op 28 juni 1918.							G 222

- Luitenant baron Paul de Bethune (3ᵉ artillerie) werd geboren op 9 maart 1893 in Kortrijk. Toen hij op 18 september 1918 de aanval op Merkem leidde, werd hij bevangen door gas en stierf drie dagen later in het hospitaal van Vinkem. Zijn graf is het eerste naast het schuilhokje.							B 230

- Luitenant Firmin De Bisschop (3ᵉ karabiniers) werd geboren op 2 mei 1892 in Leupegem. Als vaandeldrager werd hij een eerste maal gewond in november 1914 aan de Ijzer. Aan het hoofd van zijn manschappen werd hij bij de bestorming van Westrozebeke door mitrailleurvuur neergeveld op 5 oktober 1918. Hij stierf te Oostvleteren aan zijn verwondingen.			D 67

- Onderluitenant René Debrez (1ᵉ linie) werd geboren op 9 augustus 1892 in Amay (Luik). Hij sneuvelde op 31 oktober 1918 in Balgerhoek

(Maldegem) bij het bestormen van een sterk verdedigde positie.						H 200

- Luitenant Sylvain De Broey (6ᵉ linie) werd geboren op 1 augustus 1885 in Gelinden bij St.-Truiden. Hij werd driemaal gewond door granaatscherven, de laatste maal voor Izegem op 15 oktober 1918 en overleed 's anderendaags in het hospitaal te St.-Riquiers.			G 13

- Onderluitenant Gustaaf Decoster (2ᵉ karabiniers) werd geboren op 24 augustus 1893 in Gebrode. Hij werd gewond in november 1914 in Pervijze. Nadat hij op 29 augustus 1918 met zijn manschappen twee door de vijand zwaar verdedigde boerderijen in Langemark ingenomen had, werd hij dodelijk getroffen.	C 250

- Luitenant Leon Dekeyser (9ᵉ linie) werd geboren op 4 juni 1894 in Sempst. In het eindoffensief sneuvelde hij op 16 oktober 1918 voor Zonnebeke.						I 97

- Onderluitenant Ulric De Leye (2ᵉ jagers te voet) werd geboren op 6 juli 1893 in Dendermonde en stierf door verstikking in Nieuwpoort op 29 september 1918 tijdens een gasaanval.						F 255

- Onderluitenant Max Delporte (1ᵉ genie) werd geboren in Brussel op 17 december 1885. Hij sneuvelde op 18 september 1918 aan de Kippe.						B 211

- Onderluitenant Jean De Mot (vliegwezen - weerstation) werd geboren op 26 augustus 1876 in Brussel. Hij was professor aan de academie voor Schone Kunsten en conservator van het museum van de "Cinquantenaire". Hij sneuvelde op 6 oktober 1918 te Passendale door een bominslag.					F 244

- Onderluitenant baron Jean (John) de Roest d'Alkemade (vliegwezen) werd geboren op 7

Onderluitenant baron Jean (John) de Roest d'Alkemade (rechts). (Arch Rerren/ASA)

maart 1894 in Jansse – Mozet. Hij engageerde zich op 4 augustus 1914, maakte deel uit van de verdediging van Luik en Namen en onderscheidde zich ook aan de IJzer. Dan stapte hij over naar het vliegwezen. Hij stierf een heldhaftige dood boven het bos van Houthulst op 28 september 1918. Hij behoorde tot het 7^e escadrielje.   F 247

- Kapitein - Commandant Edmond Dessent (13^e linie) werd geboren op 12 mei 1869 in Jumet. Na met zijn manschappen drie vijandelijke aanvallen afgeslagen te hebben, beval hij een tegenaanval bajonet op het geweer te Oudstuyvekenskerke op 29 oktober 1914. Bij die actie werd hij gedood door een kogel in de keel.   L 7

- Kapitein - Commandant Fernand Dessent (3^e linie) werd geboren op 25 november 1877 in Jumet. Hij meldde zich vrijwillig op 25 januari 1915 om zijn broer Edmond te wreken. Op de eerste dag van het eindoffensief werd hij gewond en sneuvelde aan Kruisstraat op 1 oktober 1918   L 8

- Onderluitenant Eduard Deurwaerder (2^e linie) werd geboren op 9 december 1880 in Brugge. Als zestienjarige nam hij dienst in het leger en maakte een briljante loopbaan. Hij werd door een granaatscherf gedood in Reninge op 11 augustus 1915.   B 161

- Onderluitenant Marcel D'Haene (14^e linie) werd geboren op 28 april 1891 te Westrozebeke. In volle eindoffensief werd hij in Roeselare door een kogel getroffen op 3 oktober 1918. Hij bezweek drie dagen later in het hospitaal van Beveren-IJzer.   P 117

- Kapitein - Commandant Jules Dony (vliegwezen) werd geboren op 3 april 1890 in Brussel.

Vooraan observator Richard Fanning
Achteraan M Franchomme. Houtem 1916.
(Arch. Rerren/ASA)

Hij was in dienst sinds het begin van de oorlog en nam aan veel acties deel. Hij werd gewond in mei 1915 en viel op het veld van eer op 1 oktober 1918 tijdens een verkenningsvlucht.
G 228

- Kapitein Leon Dugardin (2ᵉ karabiniers). Hij werd geboren op 2 september 1889 in Elsene. Hij werd gewond op 22 oktober 1914 en sneuvelde op 9 maart 1918. C 249

- Kapitein - Commandant Gaston Dussart (22ᵉ linie) werd geboren op 13 juni 1887 in Chièvres. Hij werd zwaar gewond in de aanval op het bos van Houthulst op 28 september 1918 en overleed 's anderendaags in het hospitaal van Hoogstade. D 178

- Luitenant Julien Duyck (2ᵉ jagers te voet) werd geboren op 25 januari 1895 in Ixelles. Hij werd een eerste maal gewond op 21 januari 1917 te Boezinge, opnieuw op 1 september 1918 te Nieuwpoort en hij werd dodelijk getroffen tijdens een aanval op 15 oktober 1918.
G 196

- Kapitein - Commandant Sergé Eckstein (vliegwezen - weerstation) werd geboren op 10 november 1888 in Antwerpen. Hij werd gedood samen met zijn hoger vermeldde assistent, luitenant Jean De Mot op 6 oktober 1918 door een en dezelfde bom, wanneer zij hun schuilplaats verlieten om onderrichtingen te geven. F 245

Albert Gisseleire in zijn Nieuport Bébé. (Arch Rerren/ASA)

- Luitenant Richard Fanning (vliegwezen) werd geboren op 14 mei 1893 in Brussel. Hij voerde met bravoure meerdere gevaarlijke opdrachten uit waardoor hij door Maarschalk Foch een bijzondere vermelding verkreeg. Op 7 april 1917 werd hij met zijn vliegtuig neergehaald boven Bikschote. C 241

- Onderluitenant Raymond Galère (Genie) werd geboren op 2 maart 1892 in Gent. Hij verkreeg de IJzermedaille en sneuvelde in Nieuwpoort op 11 november 1914 C 246

- Kapitein Norbert Gevers (4e artillerie) sneuvelde op 20 mei 1915 Q 20

- Kapitein - Commandant Eugène Gille (14e linie) werd geboren op 31 maart 1881 in Amsterdam.(NL). Hij deed de ganse campagne mee. Op 3 oktober 1918 werd hij voor Roeselare door een mitrailleurkogel dodelijk geraakt. G 235

- Luitenant Albert Gisseleire (vliegwezen) werd geboren op 31 december 1895 in Brussel. Hij meldde zich vrijwillig in augustus 1914. Hij werd gewond te Antwerpen en te Roeselare. Op 3 oktober 1918 werd hij met zijn vliegtuig op 2000 meter hoogte aangevallen door elf vijandelijke vliegtuigen. Hij werd gedood door een kogel in het hoofd. G 234

- Onderluitenant Leon Goffinet (genie) werd geboren op 9 mei 1892 in Villers-La-Loue. Hij sneuvelde in De Panne op 25 april 1915. D 192

- Kapitein Eugène Goossens (5e artillerie) werd geboren op 28 november 1874 in Gent. Hij overleed door ziekte in het militair hospitaal van Gravelines (F) op 1 april 1917. Q 21

- Kapitein Eugène Hage (15e artillerie) werd geboren op 3 februari 1891 in Gent. In Boezinge werd hij op 13 augustus 1918 geraakt door een granaatscherf. Hij overleed 4 dagen later in Adinkerke. B 215

- Onderluitenant Antonius Hendrickx (2e grenadiers) werd geboren op 9 november 1892 in Mechelen. Hij werd een eerste maal gewond op 2 april 1915 in Steenstrate. Hij stierf op 12 maart 1918 tijdens een aanval op de Duitse stellingen voor Nieuwpoort. C 13

- Onderluitenant Georges Ilias (2^e karabiniers) werd geboren op 19 januari 1892 in Ukkel. Hij sneuvelde in Sint-Joris op 26 mei 1918. B 217

- Luitenant Constantin Jacobs (10^e linie) werd geboren op 27 mei 1890 in Sint-Petersburg (Rusland) Hij moest door ziekte geëvacueerd worden van het front op 29 september 1918 en stierf aan griep in Cabour (F) op 8 oktober. G 236

- Kapitein – Commandant Georges Jacques (grenadiers) sneuvelde op 18 oktober 1918. G 191

- Luitenant François Jadot (13^e linie) werd geboren op 2 december 1887 in Limburg. Hij werd op slag gedood door een kogel in het hoofd op Kasteelhoek op 1 november 1914 E 69

- Kapitein Gustave Lebas (1^e grenadiers) werd geboren op 18 juli 1885 in Ethe. Hij was gedurende 49 maanden aan het front en onderscheidde zich meermaals. Hij stierf aan het hoofd van zijn manschappen bij de bestorming van 's Graventafel (Passendale) op 28 september 1918. C 243

- Luitenant Henri Leroy (6e jagers te voet) werd geboren op 21 september 1896 in Floreffe.

Op 1 oktober 1918 werd hij aan het hoofd van zijn compagnie zwaar gewond te Beitem op 1 oktober 1918. s' Anderendaags bezweek hij aan zijn verwondingen in het hospitaal van Hoogstade. G 61

- Luitenant Adelin Longrée (15e linie) werd geboren op 27 april 1889 in Mozet. Na 47 maanden aanwezigheid op het front werd hij op 18 juli 1918 zwaar gewond te Pilkem (Boezinge) en overleed 's anderendaags aan zijn kwetsuren te Beveren-IJzer. B 165

- Onderluitenant Maurice Losseau (3e karabiniers) werd geboren op 3 februari 1893 in Givry. Te Driegrachten werd hij op 6 april 1915 gewond door vier mitrailleurkogels. Op 27 maart 1918 hij in Nieuwendamme getroffen bij een luchtaanval en stierf 's anderendaags. C 237

- Kapitein Polydore Machiels (5^e linie) werd geboren op 27 september 1881 in Loenhout. Hij werd zwaar gewond voor Diksmuide in 1915, en nam na genezing opnieuw dienst. Op 28 september 1918 werd hij in het eindoffensief geraakt door een mitrailleurkogel. Hij stierf twee dagen later te Hoogstade. D 184

- Kapitein – commandant Jules Maghin (12e linie) werd geboren op 24 februari 1886 in Ougrée. Bij het gevecht met de vijand ten zuiden van Houthulst op 28 september 1918 werd hij aan het hoofd van zijn compagnie zwaar geraakt en weigerde zich te laten evacueren, maar bleef zijn manschappen verder aanmoedigen. H 203

- 1e Sergeant-majoor Didier Malherbe (vliegwezen) werd geboren op 28 juli 1896 in Luik. Hij nam dienst op 3 augustus 1914 en muteerde in 1916 naar het vliegwezen. Tijdens een verkenningsvlucht werd hij boven Houtem op 4 juni 1918 dodelijk getroffen. C 193

Didier Malherbe (links) met Biver voor een Sopwith. (Arch Rerren/ASA)

- Onderluitenant Victor Matthys (4[e] karabiniers) werd geboren op 16 oktober 1895 in Etterbeek. Op 22 oktober 1914 werd hij in Tervate gekwetst. Hij viel gewond op de Molmolenhoek (Moorslede) op 30 september 1918 en overleed twee dagen later in het hospitaal van Vinkem.
G 226

- Kapitein – commandant Maurice Moulaert (3[e] artillerie) werd geboren op 28 april 1881 in Brugge. Hij werd een eerste maal zwaar gewond aan de IJzer op 21 oktober 1914. Dit gebeurde opnieuw in het eindoffensief en hij stierf in het militair hospitaal van Cabour op 18 oktober 1918.
G 189

- Luitenant August Moyaert (1[e] linie) werd geboren op 26 april 1893 in Aarsele. Hij werd op 3 oktober 1917 zwaar gewond door een bom en bezweek de 9e in het militair hospitaal van Petit Fort Philippe. Gravelines (F).
P 36

- Kapitein Jules Notterdam (2e karabiniers) werd geboren op 22 maart 1892 in Lebbeke. Op 1 oktober 1904 trad hij binnen in de pupillenschool. Hij had er dus reeds een militaire carrière opzitten toen hij op 28 september 1918 voor Langemark neergeveld werd.
C 240

- Luitenant Emile Paillet (Hulptroepen van de genie) werd geboren op 8 juli 1884 in Namen. Hij stierf op 18 maart 1918 in "l'Océan" in De Panne, waar hij daags voordien gewond werd binnengebracht.
C 244

- Kapitein – commandant Raymond Peteau (3e artillerie) werd geboren op 26 september 1874 in Schaarbeek. Bij het richten van het artillerievuur voor Ramskapelle op 21 oktober 1914 werd hij dodelijk getroffen.
L 209

- Onderluitenant Louis Pollyn (2[e] grenadiers) werd geboren op 25 januari 1892 in Brussel.

Hij werd te Schoorbakke gewond op 28 oktober 1914. Op 12 maart 1918 werd hij te St.-Joris (bij Nieuwpoort) dodelijk getroffen door een granaatscherf. C 247

- Aalmoezenier Alphonse Poullet (3ᵉ linie) werd geboren op 2 juli 1882 in Dottignies. Van het begin van de oorlog tot maart 1916 was hij brancardier. Hij werd aalmoezenier benoemd (bisdom Brugge) op 11 december 1917. Op 16 oktober 1918 werd hij voor Lichtervelde zwaar verminkt door een Duitse granaat, die hem armen en benen verbrijzelde en aan de hals verwondde. Hij stierf nog dezelfde dag in Jonkershove. C 192

- Onderluitenant Nestor Ravet (1ᵉ linie) werd geboren op 14 november 1893 in Orbais. Hij sneuvelde op 25 oktober 1914 heldhaftig te Stuivekenskerke. P 99

- Onderluitenant Georges Raty (4ᵉ linie) werd geboren op 21 december 1890 in Bouillon. Hij werd dodelijk getroffen wanneer hij op 28 september 1918 met zijn peloton in het bos van Houthulst een Duitse mitrailleurpost aanviel. F 252

- Onderluitenant Max Roland (vliegwezen) werd geboren op 26 januari 1895 in Hyon-lès-Mons. Tijdens een verkenningsvlucht werd hij op 3 oktober 1918 aangevallen door elf Duitse jagers. Hij haalde er nog een neer vooralleer de anderen hem omlaag schoten. G 233

- Kapitein Gustave Rolin (18ᵉ artillerie) werd geboren op 3 november 1892 in Gent. Hij werd door een obus zwaar gewond op 21 mei 1918 en stierf 's anderendaags te Oostduinkerke. B 219

- Onderluitenant Arthur Salmon (13ᵉ linie) werd geboren op 15 oktober 1890 in Basècles. In de IJzerslag werd hij op 20 oktober 1914 zwaar gewond in Oudstuyvekenskerke. Hij overleed vier dagen later aan zijn verwondingen in het militair hospitaal van Veurne. E 89

- Kapitein Max Severin (2ᵉ genie) werd geboren op 29 januari 1894 in Ixelles. Hij werd te Oostkerke gewond op 25 oktober 1914 en opnieuw, aan de hofstede "Violette" op 9 mei 1915. Tijdens een verkenningstocht sneuvelde hij te Waardamme op 18 oktober 1918. B 229

- Kapitein – commandant Jean Stevens (8 artillerie) werd geboren op 4 februari 1890 in Vorst. In oktober 1914 werd hij gewond in de IJzerslag. Hij sneuvelde op 6 oktober 1918 te Moorslede. G 225

- Luitenant Joseph Theisen (opleidingscentrum) sneuvelde op 22 juni 1918. A 215

- Luitenant – Kolonel Paul Thonard (8ᵉ artillerie) werd geboren op 13 juli 1870 in Antwerpen. Hij stierf op 21 december 1917 in Cabour (Adinkerke). L 39

- Luitenant Victor Thoumsin (genie) werd geboren op 26 januari 1879 in Pepinster. Hij sneuvelde op 23 maart 1918 in De Panne. C 239

- Kapitein Charles Van Aerde (2ᵉ karabiniers) werd geboren op 10 mei 1876 in Antwerpen. Hij werd tweemaal gewond en sneuvelde tijdens het eindoffensief op 28 september 1918 in Westrozebeke. K 61

- Kapitein Albert Vanegroo (3ᵉ jagers te voet) werd geboren op 22 augustus 1885 in Menen. Op het ogenblik dat hij aan het hoofd van zijn manschappen een Duitse bruggenhoofd aan de IJzer in Diksmuide heroverde en in de vijandelijke stelling binnendrong werd hij door een kogel in het hoofd dodelijk getroffen op 26 mei 1915. B 212

- Onderluitenant Leon Van Hasselt (3e karabiniers) werd geboren op 5 november 1891 in Haut-Istre. Hij werd een eerste maal gewond in Stuyvekenskerke op 22 oktober 1914. Tijdens de bestorming van Sint-Joris op 18 maart 1918 sneuvelde hij.   C 232

- Kolonel Théodore Van Lil (1e jagers te voet) werd geboren op 25 oktober 1865 in Mechelen. Hij maakte de ganse oorlogscampagne mee en sneuvelde op 29 augustus 1918 te Adinkerke.   B 227

- Luitenant Emile Van Loocke (24e linie) werd geboren op 26 augustus 1894 in Aalter. Op 11 september 1918 werd hij in een pas veroverde loopgracht in Merkem zwaar gewond en hij wilde zijn commandopost niet verlaten. Hij bezweek aan zijn verwondingen.   C 225

De broer van Emile Van Loocke , Luitenant Polydore Van Loocke (24^e linie) werd geboren op 2 januari 1893 in Aalter. Hij werd een eerste maal gewond in Diksmuide op 17 mei 1918. Op de tweede dag van het groot eindoffensief, 29 september 1918, werd hij in Staden door een Duitse mitrailleurkogel gedood. Beide broers liggen naast mekaar begraven.   C 226

- Onderluitenant Maurice Van Nitsen (1^e karabiniers) sneuvelde op 9 september 1918. J 58

- Kapitein Julien Van Veerdeghem (5^e linie) werd geboren op 11 oktober 1891 in Zelzate. Hij werd zwaar gewond in Oekene op 14 oktober 1914 en bezweek 's anderendaags in het militair hospitaal van Hoogstade.   H 11

- Onderluitenant Marcel Volckerick (5e linie) werd op 26 juni 1896 in Antwerpen geboren. Hij bezweek op 21 oktober 1918 in het hospitaal van Beveren-IJzer aan zijn verwondingen.
K 98

- Onderluitenant Victor Vuylsteke (3e linie) sneuvelde op 20 oktober 1914   L 45

- Luitenant Félicien Wageners (6e genie) sneuvelde op 22 maart 1918.   C 238

- Majoor Octave Wicot (zware artillerie) werd geboren op 1 december 1874 te Elsene. Ziek bezweek hij tijdens een heelkundige ingreep op 29 april 1918.   C 230

- Onderluitenant Jacobus Winters (10e linie) werd geboren op 18 mei 1890 in Grotenbrogel. Tijdens een verovering van een vijandelijke post in Merkem op 8 april 1918 werd hij neergeschoten.   J 232

In L 141 werd Felix De Berckelaer, een Frans soldaat, begraven. 287 graven zijn van militairen van de 18-daagse veldtocht in mei 1940.

Er zijn ook twaalf identieke grafstenen die het graf markeren van twaalf gefusilleerden in mei 1940 en in juli – oktober 1944, waaronder één vrouw, Jeanne Peeters (I 197) en één politiek gevangene, August Pintelon (F 224).

Militaire begraafplaats Hoogstade
Deze begraafplaats ligt op de Kapelhoek. Van de 825 graven zijn 35 dit van onbekenden. Zes families zorgden voor een heldenzerkje voor het graf van hun gesneuvelde zoon:

- Soldaat Alfons Deleu (6e genie) Geboren op 5 juni 1882 te Wevelgem en gesneuveld op 10 januari 1916.   472

- Soldaat Gerard Haegerd (1e grenadiers). Geboren op 26 september 1887 te Vlissingen en gesneuveld op 16 november 1917.   702

- Soldaat Gerard Maenen (4e karabiniers). Geboren op 30 januari 1892 te Zutendaal en gesneuveld op 5 november 1917.   35

TITOTCHKINE

MAKARE

SOLDAT V. L. G.

5ᵉ RÉGIMENT DE LIGNE

NÉ A DROYKOWSKA (RUSSIE)

LE 25 OCTOBRE 1895

MORT POUR LA BELGIQUE

LE 16 NOVEMBRE 1917

V. 14.

Militaire begraafplaats Hoogstade. Het graf van Makare Titotchkine (nr 558).

Militaire begraafplaats Hoogstade

- Soldaat Oscar Mylle (13e linie). Geboren op 2 juni 1897 te Eernegem en gesneuveld op 5 mei 1916   28

- Soldaat Gustaaf Van Acker (6e genie). Geboren op 15 februari 1887 te Moerbeke en gesneuveld op 31 november 1917   713

- Soldaat Frans Van Gorp (3e linie). Geboren op 22 juli 1896 te Lichtaart en gesneuveld op 29 januari 1917.   629

De tweelingbroers Egide en Alfred Beckers werden geboren op 30 december 1890 in Hemiksem. Zij waren beiden muzikanten en dienden als brancardier in het 8e linieregiment. Samen sneuvelden ze op 15 oktober 1918 door dezelfde Duitse bom. Zij werden hier begraven, maar hun stoffelijke resten werden na de Oorlog ontgraven en naar de familiegrafkelder op het burgerlijk kerkhof van de geboorteplaats overgebracht.

Tussen de Belgische graven zijn er twintig "headstones" van Britse gesneuvelden. De data van overlijden zijn mei – juni 1915, juni – juli 1917, april – mei – juni –september 1918. Onder hen zijn er drie officieren :
- Lieutenant James Noel Nelson van de Royal Air Force, met zijn achttien jaren de jongste (14 juni 1918)

Militaire begraafplaats Hoogstade

- Lieutenant R.C. W. Morgan (19) van het Royal Flying Corps (28 juli 1917)
(de familie liet volgende epitaaf aanbrengen :
"His life on earth was short. He appears to fall, but is rising")
- Second Lieutenant Robert Grant (24) – Royal Flying Corps (13 juni 1917)

De twintig omgekomenen kwamen uit verschillende regimenten :
Royal Warwickshire, Middlesex, East Kent (The Buffs), Cameron Highlanders, Royal Garrison Artillery, RAF, RFC, King's Own Yorkshire, Royal Sussex.

- Luitenant Zénon Bernard (1e karabiniers) werd geboren op 12 augustus 1894 in Mons. Hij werd een eerste maal gewond te Rotselaar (Tieldonk) in 1914, werd door granaatsplinters dodelijk getroffen in de loopgraven te Sint-Jacobskapelle en stierf te Hoogstade op 25 oktober 1917.   752

- Luitenant Leon Bronstein (3e karabiniers) sneuvelde op 19 mei 1917   743

- Kapitein Jean-François Cassiers (4e linie) werd geboren op 22 februari 1879 in Kruishoutem. Tijdens een nachtelijke raid werd hij zwaar gewond te Noordschote en bezweek aan zijn verwondingen te Hoogstade op 20 november 1915.   89

- Onderluitenant Edouard Doquier (5e linie) werd geboren op 24 april 1875 in Laken. Op 28 augustus 1914 werd hij voor Mechelen gewond. Voor Lo werd hij op 27 oktober 1915 tijdens een verkenningstocht door een Duitse scherpschutter neergeschoten.   176

- Luitenant Joseph Evrard (4e linie) werd geboren op 18 mei 1873 in Bumal. Hij werd zwaar gekwetst te Haacht op 11 september 1914 en sneuvelde vòòr Houthulst op 29 september 1918 tijdens het eindoffensief.
222

- Kapitein – commandant Albert Hayen (6ᵉ linie) werd geboren op 8 juni 1871 in Wilrijk. Aan de IJzer werd hij dodelijk geraakt aan het hoofd op 16 januari 1916.   179

- Luitenant Henri Honnay (5ᵉ linie) werd geboren op 28 januari 1879 in Fosses. Op verkenning werd hij op 20 juni 1915 te Woumen neergeschoten. In 1914 was hij reeds gewond geraakt te Lombaardsyde.   149

- Luitenant Charles baron Kervijn de Lettenhove (4ᵉ escadrielje) werd geboren op 29 oktober 1892 in Wakken. Hij meldde zich vrijwillig bij het luchtwezen. Op 15 juni 1917 stortte hij van 3.000 meter hoogte neer in Vladslo, waarbij hij beide voeten brak en zwaar aan het hoofd gewond geraakte. Op 18 april 1918 kwam hij om in een luchtgevecht.   519

- Luitenant Arthur Lupsin (karabiniers – cyclisten) sneuvelde op 26 april 1916   174

- Luitenant Alphonse Sandra (genie) werd geboren op 22 juli 1885 in Brugge. Hij werd officier op 28 augustus 1914. Hij werd ziek en stierf in het militair hospitaal van Hoogstade op 6 juli 1917.   175

- Kapitein Gaston Van Geluwe (10ᵉ artillerie) werd geboren op 30 oktober 1888 in Gent. Bij de inzet van het eindoffensief – op 28 september 1918 – werd hij voor Diksmuide door een granaatinslag gedood.   246

- Luitenant Norbert Vernez (24ᵉ linie) werd geboren op 17 december 1886 te Petegem. Hij sneuvelde aan Kloostermolen op 28 september 1918.   234

- Onderluitenant Guillaume Wouters (2ᵉ karabiniers) werd geboren op 10 september 1879 in Halle. In oktober 1914 werd hij gekwetst te Tervaete. Op verkenning te Woumen op 26 september 1917 werd hij neergeschoten. 791

Militaire begraafplaats Houthulst
Deze begraafplaats in de Poelkapellestraat herinnert vooral aan het bevrijdingsoffensief, dat in Vlaanderen op 28 september 1918 onder opperbevelhebber Koning Albert I van start ging. Van de 1.220 bekende slachtoffers zijn 1.193 gesneuveld in het laatste oorlogsjaar. Velen lieten het leven in het bos van Houthulst op 28 en 29 september 1918. Met 506 onbekenden maakt dit een totaal uit van 1726 graven, ofwel het tweede grootste na De Panne. Achteraan bevinden zich 81 graven van Italiaanse krijgsgevangenen, die door de Duitsers terechtgesteld werden. De grafstenen staan geschikt in de vorm van het Belgische oorlogskruis.

- Onderluitenant Pierre Arlt (7ᵉ linie) werd geboren op 2 juli 1892 in Brussel. Hij deed de ganse campagne mee en sneuvelde op 29 september 1918 tijdens de aanval op Moorslede.   B – 42

- Luitenant Henri Bancu (4ᵉ jagers te voet) werd geboren op 23 december 1893 in Charleroi. Hij sneuvelde aan het hoofd van zijn manschappen op 29 september 1918 tijdens de aanval op Westrozebeke.   C 1 – 1147

- Luitenant Albert Berben (6ᵉ linie) werd geboren op 19 oktober 1892 in Aalst en werd dodelijk getroffen bij de Bosmolens. Hij stierf te St.-Eloois-Winkel op 14 oktober 1918.
          H 1 – 1672

- Onderluitenant Raphaël Borms (18ᵉ linie) werd geboren op 7 april 1896 in Sint-Niklaas. Op 18 oktober 1918 werd hij zwaar gewond in vooruitgeschoven stelling en overleed 's anderendaags aan zijn verwondingen in Vinkem.
          I – 358

- Onderluitenant Léon Bronfort (11e linie) werd geboren op 15 oktober 1888 in Sart-lez-Spa. Hij sneuvelde voor Houthulst op 28 september 1918.   L – 460

- Onderluitenant Emiel Buyens (10e linie) werd geboren op 7 maart 1891 in Geraardsbergen. Hij vond de dood voor Langemark op 1 maart 1918.   J – 378

- Onderluitenant Leopold Catoire (3^e karabiniers) werd geboren op 10 juni 1897 in Dottignies. Op 29 september 1918 werd hij bij West-rozebeke neergeveld.   R – 762

- Onderluitenant Sylvain Ceuleers (3^e karabiniers) werd geboren op 14 februari 1891 in Mechelen. Toen de Belgen Roeselare innamen op 14 oktober 1918 sneuvelde hij te Moorslede.
                    B – 63

- Onderluitenant Louis Claes (1e jagers te voet) werd geboren op 4 oktober 1897 in Schaarbeek. Hij werd meerdere malen gekwetst. Een kogel in de keel op 29 september 1918 te Oost-Nieuwkerke werd hem fataal.
                    E 1 – 1339

- Kapitein Raoul de Brabandère (2e grenadiers) werd geboren op 18 juli 1892 in Gent. Hij werd op 2 oktober 1918 te Roeselare zwaar gewond en stierf enkele uren later te Moorslede.
                    E 1 – 1307

- Majoor Herman De Decker (11e linie) werd geboren op 18 december 1869 in Gent. Hij werd door een Duitse granaat dodelijk getroffen tijdens het grote offensief te West-Rozebeke op 29 september 1918.   M 1 – 1418

- Kapitein Théophile Defrance (4e linie) werd geboren op 19 mei 1881 in Vierves (Namen). Na 46 maanden front werd hij door een Duitse granaat in volle borst getroffen – evenals

Majoor De Decker – in West-Rozebeke op 29 september 1918.   M 1 – 1420

- Luitenant Edouard Delvoie (14e linie) werd geboren op 10 maart 1892 in Tongeren. Hij vond de dood in Langemark op 28 september 1918 tijdens de bestorming van een Duitse stelling.   L 1 – 1526

- Onderluitenant Gustave D'Huart (7^e linie) werd geboren op 21 maart 1893 in Ixelles. Hij was onder de slachtoffers die sneuvelden te Moorslede op 29 september 1918.   B – 40

- Onderluitenant Roger d'Udekem d'Acoz (13e linie) werd geboren op 3 januari 1894 in Gent. Hij werd gewond voor Diksmuide op 13 april 1916. Op 28 september 1918 werd hij dodelijk getroffen te Woumen door een kogel in de keel.   T 796

- Kapitein Léon François (12e linie) werd geboren op 12 oktober 1894 in Stavelot. Hij leidde de aanval op Stadenberg op 29 september 1918.   M 1 – 1412

- Kapitein Florent Garnir (11e linie) werd geboren op 25 februari 1888 in Erezée. Hij sneuvelde eveneens op Stadenberg op 29 september 1918.   M 1 – 1419

- Kapitein Joseph Gellens (1e grenadiers) werd geboren op 18 november 1880 in Bossière. Op 26 oktober 1914 werd hij in Ramskapelle zwaar gewond. Hersteld nam hij vier maanden later terug dienst. Hij werd op 28 september 1918 in Passendale door een mitrailleurkogel gedood.   I 1 – 1772

- Luitenant Pierre Germay (3e genie) werd geboren op 28 april 1891 in Fécher-Soumagne. Hij werd op 28 september 1918 getroffen door granaatscherven aan het hoofd en in het hart.   I 1 – 1779

Militaire begraafplaats Houthulst.

- Kapitein Louis Gigot (6^e linie) werd geboren op 5 juni 1881 in Beauraing. Hij sneuvelde te Lendelede op 15 oktober 1918.   B – 116

- Kapitein Oscar Goens (4e linie) werd geboren op 22 september 1875 te Gent. Hij nam reeds dienst in het leger op zestienjarige leeftijd. Na vier jaar frontleven werd hij op 27 oktober 1918 gedood door een kogel in het hoofd.
                    F 1 – 1359

- Majoor Désiré Goffin (22e linie) werd geboren op 30 juni 1865 in Marchin-lez-Huy. Hij sneuvelde op 28 september 1918, om 5 uur 's morgens, bij de inzet van het bevrijdings-offensief door een kogel in de buik.
                    N 1 – 1258

- Luitenant Georges Gripekoven (12e genie) werd geboren op 25 oktober 1885 in Schaar-beek. Hij werd vrijwilliger in augustus 1914. Door typhus aangetast kwam hij in het hospitaal van Le Havre en genas. Als ingenieur werd hij aangesteld voor de fabricatie van munitie. Op zijn verzoek kwam hij terug aan het front en sneuvelde op 1 oktober 1918 tegen Roeselare.
                    J 1 – 1850

- Kapitein Albert Hamelrijk (1^e karabiniers) werd geboren op 14 oktober 1878 in Ixelles. Op 14 oktober 1918 leidde hij een compagnie mitrailleurs bij de aanval op de Bergmolen. (Roeselare)   M – 482

Militaire begraafplaats Houthulst.

- Onderluitenant Paul Hubert (4^e linie) werd geboren op 15 april 1886 in Lierre. Hij meldde zich vrijwillig bij het uitbreken van de oorlog en bracht het door zijn moedig gedrag tot officier. Hij sneuvelde op 28 september 1918 tijdens een aanval op een Duitse versterking.

L 1 – 1515

- Majoor Jean-Philippe Labeau (14^e linie) werd geboren op 29 april 1874 in Vorst. Op 3 oktober 1918 - in de beginfase van het bevrijdingsoffensief - sneuvelde hij tijdens een aanval op een Duitse mitrailleurpost.

G 1 - 1557

- Kapitein - Commandant Henri Leurs (3^e jagers te voet) werd geboren op 8 december 1880 in Schaarbeek. Op 1 oktober 1918 werd hij te Moorslede door een granaatsplinter in het hart getroffen. H - 288

- Luitenant Maurice Matagne (14^e linie) werd geboren op 18 juli 1891 in Engis. Aan het hoofd van zijn compagnie sneuvelde hij, getroffen door een kogel in het voorhoofd, te Oost-nieuwkerke op 3 oktober 1918 B - 84

- Majoor Jules Mertens (16^e linie) werd geboren op 29 november 1875 in Loker. Hij onderscheidde zich meermaals aan het front en kwam zelfs op de dagorde van het Franse leger. Hij sneuvelde tijdens de aanval op Moorslede op 29 september 1918. E 1 - 1325

- Onderluitenant Karel Paternoster (4^e jagers te voet) werd geboren op 9 november 1891 in Vollezele. Hij leidde te Westrozebeke een tegenaanval waarbij hij verloren posities heroverde. Hij werd daarbij zwaar gewond en bezweek aan zijn verwondingen te Poelkapelle op 28 september 1918 F 1 - 1370

- Onderluitenant Henri Perin (12e linie) werd geboren op 14 december 1879 in Hotton. Hij viel als één der vele slachtoffers van de bestorming van Stadenberg op 29 september 1918, getroffen door een kogel in het hoofd.

M 1 - 1472

- Onderluitenant Fernand Pierre (3e karabiniers) werd geboren op 14 januari 1891 in Schaarbeek. Hij behoort tot de talrijke slachtoffers van de aanval op Westrozebeke op 28 september 1918. N 1 - 1207

- Onderluitenant Robert Pil (15^e linie) werd geboren op 4 juli 1894 in Oostende. Hij werd te Zonnebeke neergeveld op 19 oktober 1918.

U - 838

- Onderluitenant Joseph Saint-Hubert (13^e linie) sneuvelde op 30 september 1918

L 1 - 1480

- Onderluitenant Gaston Salmon (3^e linie) werd geboren op 27 mei 1890 in Monceau-sur-Sambre. Hij vond de dood in de slag bij Nachtegaal op 28 september 1918.

N 1 - 1239

- Onderluitenant - geneesheer Rodolf Six (11e linie) werd geboren op 1 november 1880 in Brugge. Tijdens de bijstand van gewonden op het slagveld werd hij dodelijk getroffen te Poelkapelle op 29 september 1918. V - 867

- Onderluitenant Henri Somville (11e linie) werd geboren op 16 februari 1896 in La Louvière. Hij sneuvelde op 15 oktober 1918 te Lendelede. B - 93

- Onderluitenant Raymond Thomas (11e artillerie) werd geboren op 11 september 1891 in Gent. Een granaatinslag werd hem fataal op 4 oktober 1918 te Moorslede. H - 290

- Onderluitenant Robert Toelen (2e karabiniers) werd geboren op 21 november 1895 in Erps-

Kwerps. Hij werd gedood te Meulebeke op 17 oktober 1918.   J 1 – 1842

- Onderluitenant Arthur Van de Moere (5e jagers te voet) werd geboren op 15 mei 1894 in Gent. Hij viel op het veld van eer te Moorslede op 3 oktober 1918.   H - 289

- Kapitein Albéric Vandenberghe (5e jagers te voet) werd geboren op 14 oktober 1893 in Kortrijk. Hij streed mee voor de verovering van de hoogte van Passendale en sneuvelde er op 29 september 1918.   F - 221

- Luitenant Paul Van der Hoeven (15e linie) werd geboren op 13 januari 1881 in Gent. Op 15 oktober 1918 maakte hij deel uit van de voorposten, die als opdracht hadden het kasteel van Izegem in te nemen.   H 1 - 1683

- Onderluitenant Jean-Antoine Van Lindt (11e linie) werd geboren op 28 november 1892 in Overpelt. Op 8 maart 1916 werd hij aan de "Dodengang" gewond door het inslaan van een Duits kartets. Hij sneuvelde aan het hoofd van zijn peloton te Moorslede op 14 oktober 1918.   D 1 - 1189

- Kapitein Joseph Vlaeminck (7e linie) werd geboren op 18 november 1890. Hij werd zwaar gewond te Moorslede op 5 oktober 1918 en bezweek aan zijn verwondingen.   G - 275

- Onderluitenant Henri Windandy (3e linie) werd geboren op 16 september 1891 in Brussel. Bij het inrichten van een mitrailleurstelling op De Kippe werd hij op 28 september 1918 dodelijk getroffen.   N - 581

Victor Callemeyn werd geboren op 20 februari 1895 in Kortrijk, als oudste van drie kinderen. Hij had nog een broer Joseph en een zuster Godelieve. Zijn ouders, Polidoor Callemeyn en Elisa Frederika Bogaert woonden in de

Molenstraat nr. 10 - nu Langemeersstraat. Zijn vader was directeur van het stedelijk openbaar slachthuis.

Victor volgde de Grieks-Latijnse aan het St.-Amanduscollege in Kortrijk en wou voor dokter studeren. Hij publiceerde meerdere gedichten, ondermeer in het tijdschrift "De Student", onder de schuilnaam "Seemöwe" (zeemeeuw). Daags na het uitbreken van de oorlog meldde hij zich vrijwilliger. Zijn eerste contact met de vijand - als karabinier bij het eerste marsbataljon - gebeurde aan de Scheldebrug te Dendermonde, waar hij aan de rechterhand gewond raakte.

O. - Lt. Victor Callemeyn sneuvelde op 29 april 1918 in het 10e linie bij de verdediging van de vooruitgeschoven stelling Martin Hill - een stukgeschoten molen - bij Langemark. Hij werd postuum vereerd met het Kruis van Ridder in de Leopoldsorde, het Oorlogskruis, de Overwinningsmedaille en de Herinnerings-medaille.   F 1 - 1379

Militaire begraafplaats Keiem
Dicht tegen de dorpskom (Keiemdorpstraat) werd de laatste rustplaats aangelegd van 590 gesneuvelde soldaten waarvan de meesten behoorden tot het 8e en 13e linieregiment. Toen de herovering van Keiem mislukte, stierven ze aan hun lot overgelaten in de modder tussen Keiem en Tervatebrug (Slag bij Keiem, 19 oktober 1914). Meer dan de helft van de zerkjes draagt dan ook de vermelding "onbekend". Hier liggen slechts 225 gekenden bij naam. De inwijding van de begraafplaats geschiedde op 12 juli 1925, samen met het oorlogsgedenkteken op het marktplein. Eenzaam wappert de Belgische driekleur.

- Onderluitenant Cyrille Bauduin (6e linie) werd geboren op 2 november 1884 in Tienen. Hij sneuvelde op 4 november 1917 tijdens een

Militaire begraafplaats Keiem.

gewaagde aanval op de Duitse stellingen in de sector van Diksmuide.   280

- Onderluitenant Firmin Blocus (rijkswacht) werd geboren op 2 januari 1882 in Orgeo (Luxemburg). Op 19 oktober 1914 werd hij tijdens een verkenning als vermist opgegeven. Hij werd eerst op het Duits kerkhof van Vladslo begraven.   5

- Onderluitenant Robert Bottelbergs (2e lanciers) werd geboren op 3 april 1891 in Brussel. Hij sneuvelde op 19 oktober 1914 voor Staden bij de terugtrekking naar de Ijzer.   454

- Luitenant André Brabant (13e linie) werd geboren op 31 oktober 1888 in Namen. Hij sneuvelde eveneens op 19 oktober 1914 voor Keiem.   1

- Luitenant - Kolonel Georges Delcourt (13e linie) werd geboren op 8 december 1865 in Bouillon. Een kogel in de borst doodde hem op dezelfde dag en in dezelfde actie als boven-vermelde onderluitenant en luitenant.   105

- Onderluitenant Max Devos (8e linie) werd geboren op 19 maart 1893 in Nieuwkerke. Hij behoort ook tot de slachtoffers van Keiem - 19 oktober 1914.   88

- Luitenant Nicolas Drion (13e linie) werd geboren op 27 december 1870 in Mazy. Hij behoort ook tot de slachtoffers van Keiem op 19 oktober 1914 toen hij stierf door een kogel in de mond.   112

- Onderluitenant Robert Hecq (genie) overleed op 22 oktober 1914 aan zijn drie dagen voordien opgelopen verwondingen.   484

- Luitenant Jules Kneipe (1^e karabiniers) werd geboren op 14 juni 1885 in Houffalize. Hij sneuvelde in Stuyvekenskerke door een kogel in de borst aan het hoofd van zijn manschappen op 22 oktober 1914 bij de poging om de Duitse opmars te stuiten.   224

- Luitenant Raymond Leken (13e linie) werd geboren op 16 november 1889 in Blankenberge. In de Duitse stormloop op Keiem - op 19 oktober 1914 - werd hij dodelijk getroffen door een kogel in het voorhoofd.   204

- Onderluitenant Léon Malevez (8e linie) werd geboren op 2 februari 1888 in St.-Servais (Namen). Hij had er 36 maanden frontleven op zitten wanneer hij op 29 september 1918 aan het kanaal van Handzame sneuvelde. 352

- Onderluitenant Emile Ornelis (6e linie) werd geboren op 8 april 1876 in Aalter. Als reservist meldde hij zich vrijwillig bij het uitbreken van de oorlog en sneuvelde voor Diksmuide op 25 oktober 1914.   415

- Onderluitenant Joseph Scheenaerts (8^e linie) werd geboren op 21 mei 1891 in Bladel-Netersen (NL). Op 16 oktober 1918 werd hij in Wijnendale een van de vele slachtoffers, dat het eindoffensief opeiste.   372

- Kapitein - commandant Leon Van Beckhoven (2^e karabiniers) werd geboren op 18 juli 1871 in Berchem. Hij behoort tot de 212 gesneuvelden van 23 oktober 1914 aan de brug van Tervate, in de tegenaanval op de Duitsers die over de Ijzer waren geraakt.   613

- Kapitein-commandant Cesar Van de Putte (2e karabiniers) werd geboren op 16 december 1868 in Blankenberge. Tijdens het beleg van Antwerpen werd hij door granaatscherven gewond. Hij sneuvelde bij een tegenaanval aan de IJzer op 21 oktober 1914.   434

- Kapitein-commandant Clément Van Stockhausen (2e grenadiers) werd geboren op 14 oktober 1875 in Overijse. Hij had reeds carrière gemaakt als officier in Belgisch Congo. Hij viel aan het hoofd van zijn manschappen in Pervijze op 22 oktober 1914.   406

Militaire begraafplaats Oeren

Dit kerkhof werd aangelegd rond de (thans gesloten) kerk van Oeren, dat een beschermd monument is. Hier rusten eenzaam, maar niet vergeten (?) 509 "makkers' 14-18" Zes onder hen bleven onbekend.

Volgende vijf graven zijn versierd met een heldenzerkje :

- Soldaat Jozef Bourgeois (1^e lansiers) geboren op 23 november 1892 in Vollezele en gesneuveld te Oeren op 31 december 1917.   465

- Brigadier Louis Mattheussen (2^e artillerie). Geboren op 24 maart 1894 in Gierle en gesneuveld op 3 december 1917.   430

- Brancardier Karel Uijtroeven (1^e linie). Gesneuveld op 17 juli 1915   548

- Soldaat Lodewijk Van Opstal (1^e linie). Geboren op 12 april 1893 in Turnhout en gesneuveld in Alveringem op 21 juli 1915. 471

- Soldaat Leon Vervaele (21^e linie). Geboren op 30 juni 1891 in Zwevezele en gesneuveld op 14 maart 1918   519

Volgende officieren liggen hier begraven :
- Kapitein Georges Claude (16^e linie)
- Luitenant Jean Leuris (16^e linie)
Beiden sneuvelden in dezelfde actie op 21 oktober 1917 en liggen naast mekaar begraven in graf 263 en graf 264.

In het sappenhoofd aan de Dodengang in Diksmuide sloeg een Duitse granaat in, die ook sergeant Gaspard Pereau (graf 266), klaroenblazer Toussaint Miny, soldaat Winand Devlesaver (graf 269) en soldaat Gustave Van Onaker (graf 268) doodde.

Kapitein Georges Claude (16e linie) werd geboren op 21 juli 1892 in Etteren. Op 2 oktober 1911 begon hij zijn militaire studies in de regimentsschool te Ath en van 5 oktober 1912 tot 31 juli 1914 studeerde hij aan de Militaire School, die hij als officier verliet. Hij werd gewond in Ramskapelle op 30 oktober 1914 en in Diksmuide op 29 mei 1915.   263

- Onderluitenant Leopold Corman (1e grenadiers) werd op 4 december 1884 geboren in Clermont. Hij nam dienst in het begin van de oorlog als onderofficier en bracht het door zijn moedig gedrag aan het front tot officier. Hij sneuvelde in actie in de sector van Diksmuide op 9 oktober 1915.   31

- Onderluitenant Leon De Foere (3e jagers te voet) werd op 10 oktober 1874 geboren in Brugge. Hij sneuvelde in Kaaskerke op 8 juli 1915 door een Duitse granaat die insloeg in de loopgracht waarin hij schuilde.   609

- Luitenant Gaston de Pret–Roose de Calesberg was de zoon van graaf Anatole de Pret – Roose de Calesberg uit Leicestershire (Engeland). Hij werd geboren op 15 december 1894 in Antwerpen. Hij nam dienst in het Belgische leger op 15 november 1913, was onderofficier bij het uitbreken van de oorlog en werd tweede luitenant in juni 1917. Hij werd door een granaatinslag gedood voor Diksmuide op 18 januari 1918. Postuum werd hij ridder in de orde Leopold II. (1e Lanciers)   480

- Onderluitenant Maurice Dupont werd geboren op 12 juni 1896 in Ath. Op 18 juni

Oeren. Heldenzerk van Karel Uytroeven.

1894 meldt hij zich vrijwillig in het 6e linieregiment. Enkele weken later wordt zijn ingangsexamen aan de Militaire School onderbroken door de Groote Oorlog. Als soldaat neemt hij deel aan de gevechten in Haacht, Werchter en Wijgmaal, later te Pullaar, Nieuwpoort en Ramskapelle. Hij wordt achtereenvolgens bevorderd tot korporaal, onderofficier en onderluitenant. In juni 1916 schakelt onderluitenant Dupont een Duitse post uit aan de "redan du passeur".

Hij wordt vermeld in de dagorde van het leger op 5 oktober 1916 en wordt ridder in de kroonorde. Vervolgens wordt hij aangesteld als inlichtingsofficier. In die functie voert hij een aantal gevaarlijke opdrachten uit, onder meer op 19 oktober 1917. Aan het hoofd van de 10e compagnie van het 16e linieregiment voert hij een aanval uit op de 'minoterie' of de bloemmolens van Diksmuide. (De herbouwde "minoterie" is thans het streekbezoekers-

Militaire begraafplaats Oeren.

centrum "Westoria"). Hij komt zo opnieuw op de dagorde op 25 oktober 1917. Daags nadien leidt hij een nieuwe aanval op de "minoterie", waarbij hij zwaar gekwetst wordt en naar het militair hospitaal van Hoogstade wordt overgebracht. Daar bezwijkt hij aan zijn verwondingen 's anderendaags in de namiddag op 27 oktober 1917. Hij verkreeg ook de orde van Leopold II.   291

- Onderluitenant Achiel Massez (17ᵉ linie) sneuvelde op 5 augustus 1917   103

- Onderluitenant Louis Marcy van Transport sneuvelde op 13 april 1918   584

- Onderluitenant Paul Mulders (1ᵉ karabinier) werd geboren op 9 mei 1886 in Kortrijk. Hij begon de oorlog als onderofficier. In de sector van Diksmuide werd hij dodelijk getroffen en stierf in Fortem op 25 oktober 1915.   35

- Onderluitenant Lucien Sacré (2ᵉ jagers te voet) werd geboren op 3 april 1895 in Luik. Hij meldde zich vrijwillig. Hij sneuvelde aan de IJzer te Diksmuide op 13 juni 1915.   608

- Onderluitenant Emile Scarceriaux (10ᵉ linie) werd geboren op 19 februari 1878 in Ecaussines-d'-Enghien. Hij sneuvelde bij de verdediging van Pervijze op 24 oktober 1914.   501

- Majoor Georges Schaar (11ᵉ artillerie) werd geboren op 29 november 1874 in Schaarbeek. Hij werd zwaar gekwetst in Noordschote op 15 augustus 1915 en sneuvelde toen hij zijn stelling verliet om het vijandelijk vuur te lokaliseren in Diksmuide op 18 maart 1918 door een granaatinslag.   532

- Onderluitenant Jean Streytz (6ᵉ linie) werd geboren op 18 augustus 1893 in St. –Gillis. Hij werd zwaar gewond in Diksmuide aan de

Dodengang op 12 april 1917 en hij bezweek aan zijn verwondingen in het militair hospitaal te Hoogstade op 23 april.   72

- Onderluitenant François Tillemans (2ᵉ jagers te voet) werd geboren op 20 januari 1894 in Antwerpen. Hij werd soldaat in de klas van 14 en bracht het tot officier. Op verkenning vòòr Diksmuide werd hij op 13 november 1917 door een kogel van een Duitse sluipschutter dodelijk getroffen.   374

- Luitenant Theodoor Van Dyck (3ᵉ linie) werd geboren op 9 juli 1895 in Borgerhout. Hij sneuvelde vòòr Diksmuide op 1 mei 1918.
                                                592

- Soldaat Jules Vansuyt werd geboren op 12 oktober 1893 in Beselare. Hij werd op 4 augustus 1914 ingelijfd in het 11ᵉ artillerie-regiment. Vòòr Diksmuide werd hij dodelijk getroffen op 21 maart 1918. Hij werd vereerd met de orde van Leopold II.   560

Militaire begraafplaats Ramskapelle
Ramskapelle werd door het Franse 16ᵉ bataljon jagers te voet en het 6ᵉ linieregiment met gevelde bajonet op de Duitsers heroverd op 31 oktober 1914. De begraafplaats gelegen juist buiten de dorpskom langs de grote baan naar Nieuwpoort leunt aan tegen de historische spoorwegberm : De slag aan de Ijzer.

Bijna tweederden (393) van de Belgische soldaten (626 in totaal) die hier rusten zijn onbekend.

- Kapitein Jacques Boussemaere (5ᵉ linie) werd geboren op 10 augustus 1865 in Mariakerke. Na deelgenomen te hebben aan de militaire operaties vanaf het oorlogsbegin sneuvelde hij te Ramskapelle op 30 oktober 1914.   467

Militaire begraafplaats Ramskapelle. Het graf van Eduard Leyssens die vereerd werd met de Overwinningsmedaille, de Ijzermedaille, de Herinneringsmedaille, het Oorlogskruis en de Orde Leopold II.

- Kapitein-commandant Henri Dungelhoeff (7^e linie) werd geboren op 6 maart 1872 in Brussel. Hij sneuvelde in Sint-Joris op 19 oktober 1914.   519

- Majoor Jules Houart (7^e linie) werd geboren op 15 april 1866 in Marcinelle. Hij was vanaf het begin in de oorlog betrokken en sneuvelde in Sint-Joris op 23 oktober 1914.   367

- Onderluitenant Joseph Luyten (7^e jagers te voet) werd geboren op 12 februari 1882 in Kwaadmechelen en sneuvelde in de IJzerslag op 24 oktober 1914   124

- Onderluitenant Narcisse Martin (10e linie) werd geboren op 4 september 1886 in Hoblange. Hij was in actieve dienst sinds het begin van de oorlog en liet het leven in Nieuwpoort op 2 januari 1915.   259

- Onderluitenant Sylvain Mendiaux (6e linie) werd geboren op 31 januari 1891 in Schaarbeek. Hij is één van de slachtoffers van de aanval op de hoeve "briqueterie" te Ramskapelle op 26 oktober 1914.   290

- Kapitein-commandant Paul Rollin (23e linie) werd geboren op 28 oktober 1872 in Haine-St.-Paul. Hij sneuvelde op 21 oktober 1914 in de verdediging van het bruggenhoofd van Schoorbakke, getroffen door een granaat-scherf.   47

- Kapitein-commandant Edgard Sohie (2^e genie) werd geboren op 15 oktober 1872 in Hoeilaart. Tijdens een inspectieronde naar de onderwaterzettingen in Lombardsijde op 4 november 1914 werd hij door een Duitse sluipschutter neergeveld.   329

Vooraan rechts aan de ingang ligt soldaat Louis Notaert (8^e linie) onder een kleine pelouse

begraven. Zijn stoffelijke resten werden in Stuivekenskerke teruggevonden op 6 juni 1952.

Militaire begraafplaats Steenkerke

Dit "kerkhof" is ook dicht bij de kerk gelegen. Onder de 537 zerkjes (alfabetisch van Renaat Albrecht tot Eduard Wybo), met 55 onbe-kenden, bevinden zich negen heldenzerkjes.

- Julius Blesseel – soldaat 2^e linie – werd geboren op 10 november 1892 in Wingene en sneuvelde op 6 augustus 1917.   477

- Richard Blieck – soldaat 7^e artillerie – werd geboren op 18 augustus 1895 in Ichtegem en sneuvelde op 28 september 1917.   39

- Andreas Boterberghe – soldaat 4^e linie – werd geboren op 25 juni 1895 in Maldegem en sneuvelde op 31 oktober 1917   196

- Elie Degryse – soldaat 23^e linie – werd geboren op 10 juli 1889 in Poperinge en sneuvelde op 18 september 1917.   485

- Jozef Geraerts – soldaat 4^e linie – werd geboren op 24 maart 1894 en sneuvelde op 24 augustus 1916.   72

- Alfons Masschelin – soldaat 4^e linie – werd geboren op 6 augustus 1893 in Ardooie en sneuvelde op 6 november 1917.   219

- Jan Peeters – soldaat 4^e linie – werd geboren op 9 maart 1896 in Brussel en sneuvelde op 28 september 1917   11

- Jacobus Schreurs – soldaat 15^e artillerie – werd geboren op 20 februari 1886 in Opglab-beek en sneuvelde op 23 juli 1918   278

Militaire begraafplaats Steenkerke

Militaire begraafplaats Adinkerke.

Militaire begraafplaats Brugge.

Militaire begraafplaats De Panne

Militaire begraafplaats Houthulst. Het Italiaans gedeelte.

Boven: Militaire begraafplaats Hoogstade.

Rechts boven: Militaire begraafplaats Houthulst.

Rechts onder: Militaire begraafplaats Houthulst.

Links: Militaire begraafplaats Houthulst.

Militaire begraafplaats Keiem.

Militaire begraafplaats Oeren.

Militaire begraafplaats Oeren. Detail
heldengraf van Karel Uytroeven.

Militaire begraafplaats Ramskapelle

Militaire begraafplaats Steenkerke. Heldengraf van Richard Blieck (rechts).

Links: Militaire begraafplaats Ramskapelle. Onbekend militair.

Militaire begraafplaats Steenkerke.

Militaire begraafplaats Westvle-teren

Links: Beeldengroep Langemark Deutscher Soldatenfriedhof.

De calvarie van de militaire be-graafplaatsWestvleteren

Menen Deutscher Soldatenfriedhof. De Kapel.

Rechts boven: Vladslo Deutscher Soldatenfriedhof.

Rechts onder: Vladslo Deutscher Soldatenfriedhof. Het treurend ouderpaar.

Menen Deutscher Soldatenfriedhof. De kapeldeur.

Bousbecque Deutscher Soldatenfriedhof.

Rechts: Pont-de-Nieppe Deutscher Sol-datenfriedhof.

Halluin Deutscher Soldatenfriedhof.

Steenwerk Deutscher Soldatenfriedhof.

Verlinghem Deutscher Soldatenfriedhof.

- Henri Vandermeersch - soldaat 11ᵉ linie – werd geboren op 1 mei 1887 in Westrozebeke en sneuvelde op 23 juli 1918. 260

Er is een speciale gedenksteen van Joseph Naus (19), die vrijwilliger was in de 1ᵉ jagers te paard en aan de IJzer sneuvelde op 4 augustus 1918. Zijn broer Hugues Naus wordt ook vermeld. Hij werd geboren op 28 juni 1902 en demobiliseerde in 1940 en met missie naar Congo gestuurd. Hij vond de dood wanneer zijn schip voor de Azoren getorpilleerd werd in december 1940.

Veertien officieren liggen hier begraven :
- Luitenant Alfred Ballet (11ᵉ linie) werd geboren op 14 oktober 1881 in Leuven. Hij diende vanaf het begin van de oorlog en werd op 14 juli 1918 bij het verlaten van de loopgraven "neergeveld door een inwendige bloeduitstorting". 10

- Luitenant Emile Brodhéoux (12ᵉ linie) werd geboren op 19 augustus 1873 in Boussu-en-Fagnes. Hij diende zes jaar in het leger in Congo en meldde zich vrijwillig bij het uitbreken van de oorlog. Hij sneuvelde in de loopgraven in Pervijze op 6 juli 1915. 336

- Onderluitenant René Carabin (4ᵉ linie) werd geboren op 27 april 1888 in Brussel. Hij werd gedood door een kogel in de keel, wanneer hij op 17 juli 1916 te Oudstuivekenskerke in observatie was. 474

- Luitenant Remi Christiaens (2ᵉ linie) werd geboren op 21 maart 1893 in Geraardsbergen. Hij werd zwaar getroffen in de loopgraven van de IJzer en bezweek aan zijn verwondingen in Steenkerke op 13 augustus 1916. 475

- Onderluitenant Herman Deneweth (2ᵉ linie) geboren op 9 februari 1897 in Meulebeke. In de nacht van 19 op 20 juli 1916 werd hij door een Duitse sluipschutter gewond door een

kogel in het hoofd en hij stierf 's anderendaags in het hospitaal van Hoogstade. 473

- Onderluitenant Eduard De Waele (6ᵉ linie) werd geboren op 19 juli 1890 in Belzele. Hij diende gedurende 44 maanden aan het front. Op 8 september 1918 leidde hij een patroelje in de sector van Pervijze toen hij sneuvelde. 190

- Kapitein Louis Gilliard (1ᵉ jagers te voet) werd geboren op 20 maart 1889 in Champlon. Hij werd dodelijk gewond op 30 juli 1917 toen hij zijn compagnie naar het werk leidde in een bijzonder gevaarlijke plaats in Oudstuivenskerke. 491

- Onderluitenant Julien Guequier (1ᵉ artillerie) werd geboren op 11 maart 1893 in Gent. Op 13 november 1917 was hij op weg naar zijn nieuwe dienst in Duinkerke maar werd onderweg door een vliegtuigbom aan de Duinhoek/Adinkerke getroffen en op slag gedood. 529

- Onderluitenant Joseph Herman (4ᵉ linie) werd geboren op 11 november 1894 in Luik. Hij meldde zich vrijwilliger op 6 augustus 1914 en onderscheidde zich herhaalde malen aan het front. Hij stikte in de loopgraven te Kaaskerke op 20 oktober 1917 door Duitse oorlogsgassen. 493

- Onderluitenant Charles Mussely (3ᵉ linie) werd geboren op 8 augustus 1891 in Ixelles. Hij nam dienst als soldaat eind oktober 1914. In Lettenberg (Diksmuide) werd hij getroffen door een granaatscherf en stierf nog dezelfde dag, 30 juli 1917, te Steenkerke. 37

- Luitenant Hubert Navez (4ᵉ linie) werd geboren op 13 december 1891 in Obaix. Hij werd ernstig gewond op 12 september 1914 en vluchtte uit Antwerpen. Pas genezen van zijn blessure meldde hij zich opnieuw voor het

Militaire begraafplaats Steenkerke. Britse graven tussen de Belgische.

front. Hij sneuvelde op 28 april 1916 te Oudstuivekenskerke.   307

- Kapitein Antony Ruttiens (2ᵉ lanciers) overleed op 3 juli 1940. Hij is de enige militair uit W.O. II, die hier begraven ligt.   492

- Onderluitenant Pierre Ruttiens (1ᵉ jagers te paard) werd geboren op 19 april 1897 in St.-Joost-ten Node. Hij sneuvelde in de nacht van 7 op 8 augustus 1918 te Reigersvliet tijdens een verkenning.   528

- Onderluitenant Georges Vandenhende (2ᵉ linie) werd geboren op 17 november 1895 in St.-Amandsberg. Bij het naderen van de vijandelijke linies bij Kaaskerke tijdens een raid op de Duitse stellingen, werd hij op 14 september 1916 neergeveld door een kogel in het hoofd.   55

Halfweg de begraafplaats zijn er dertig "headstones" voor Britse gesneuvelden in oktober-november 1917, waaronder veel "gunners" en "bombardiers": zeventien onder hen behoorden tot de Royal Garrison Artillery, zeven tot de Royal Marine Artillery en één tot de de Royal Naval Air Service. Onder hen is er één majoor, één kapitein, één luitenant en twee tweede-luitenanten.

- 2nd Lt George Baker (24) van 342nd Siege Bty RGA – 29 oktober 1917 – was ridder in de kroonorde en drager van het Belgisch oorlogskruis.

Lt Charles Comyns (24) van R.M.A. had eveneens beide onderscheidingen en Capt William Frith (35) van 19th Siege Bty RGA was ridder in de orde Leopold II en Belgisch oorlogskruis.

Als epitafen lezen wij :
HE WAS AS NOBLE AS HE WAS. FEARLESS THE ABOVE SOLDIER WAS A STUDENT AT GLASGOW UNIVERSITY. (20)

Militaire begraafplaats Westvleteren

Deze militaire begraafplaats is gelegen in de St.-Maartenstraat achter de kerk. Er zijn in totaal 1208 zerkjes, waaronder 5 met het opschrift "onbekend".

Veertien graven zijn gemerkt met een heldenzerkje :
- Soldaat Pieter Beckers (2e linie). Geboren op 18 november 1894 in Wuustwezel en gesneuveld op 18 september 1918.   716

- Soldaat Sylvère Boucke (1e linie). Geboren op 11 februari 1893 in Staden en gesneuveld op 29 september 1916.   3

- Soldaat Jozef De Keyzer (3e jagers te voet). Geboren op 8 oktober 1892 in Moerzeke en gesneuveld op 1 juli 1917.   197

- Korporaal Omer De Landtsheer (19e linie). Geboren op 11 oktober 1894 in Lebbeke en gesneuveld op 17 april 1918.   1041

- Soldaat Omer Dequeker (2^e linie). Geboren op 30 oktober 1892 in Wijtschate en gesneuveld op 8 december 1917.   958

- Adjudant Franciscus Deschout (20^e linie). Geboren op 4 december 1896 in Tielt en gesneuveld op 2 mei 1918.   953

- Soldaat Julius Hesters (2^e artillerie). Geboren op 25 april 1891 in Wachtebeke en gesneuveld op 6 juni 1918.   898

- Soldaat Louis Lenaerts (brancardier-2^e linie). Geboren op 25 april 1895 in Mol en gesneuveld op 4 mei 1917.   168

- Soldaat Gustaaf Meersseman (10^e artillerie). Geboren op 1 augustus 1897 in Torhout en gesneuveld op 25 december 1917.   265

- Soldaat Jan Oomsels (12^e linie). Geboren op 17 januari 1886 in Peer en gesneuveld op 1 maart 1918.   569

- Soldaat Cyriel Roose (23^e linie). Geboren op 23 maart 1891 in Gistel en gesneuveld op 3 augustus 1918.   800

- Soldaat Achiel Van den Bossche (18^e linie) gesneuveld op 1 april 1918.   144

- Soldaat Gustaaf Van de Putte (20^e linie). Geboren op 17 oktober 1895 in Sleidinge en gesneuveld op 6 juli 1917.   609

- Soldaat Hendrik Vansimpsen (3^e jagers te voet). Geboren op 22 mei 1881 in Rijkel en gesneuveld op 22 juni 1917   195

Gans achteraan rechts is er een afzonderlijk graf met een lage zerk voor soldaat Jean-Joseph de Waepenaert (4^e jagers te voet). Geboren op 2 december 1894 in Merkem en gesneuveld op 7 maart 1918.

Vooraan links in de twaalfde rij – tegen de haag – ligt een Britse kanonnier begraven, die sneuvelde op 26 juni 1916 :

Militaire begraafplaats Westvleteren

o Gunner L. Kennedy van het Royal Garrison Artillery.   106

- Kapitein Fritz Beernaerts (7ᵉ art.) werd geboren op 9 mei 1893 in Brugge. Hij stierf in zijn schuilplaats te Boezinge bij een Duitse gasaanval op 18 september 1918.   734

- Onderluitenant Jean Bemaets (10ᵉ linie) werd geboren op 5 februari 1890 in Ukkel. Op 19 april 1918 werd hij aan het sas van Boezinge gewond door een granaatscherf aan het hoofd en overleed in het hospitaal te Hoogstade.
                                                                                    1015

- Onderluitenant Camille Borremans (5ᵉ artillerie) werd geboren op 16 januari 1891 in Houdeng – Aimeries. Te Steenstrate bleef hij op 30 juni 1916 als commandant van een loopgraafartillerie-sectie als laatste op zijn post en werd dodelijk getroffen door een granaatscherf.   107

- Onderluitenant Huibrecht Cleuren (12ᵉ linie) werd geboren op 1 juni 1896 in Hesselt – Veld. Hij sneuvelde op 29 september 1918 te Westrozebeke.   682

- Onderluitenant Karel De Beer (24ᵉ linie) werd geboren op 13 november 1892 in Wetteren. Bij de bestorming van een bunker in Merkem op 11 september 1918 werd hij dodelijk getroffen.   746

- Onderluitenant Emiel De Jongh de Wyngaert (7ᵉ linie) werd geboren op 31 maart 1888 in Heverlee. Voor zijn dapperheid verkreeg hij reeds in 1914 de Orde van Leopold II. Hij sneuvelde aan de IJzer op 24 maart 1916.
                                                                                     548

- Onderluitenant Arnold de la Kethulle de Kerkhove (24ᵉ linie) werd geboren op 27 december 1887 in St. –Michiels-Brugge. Hij werd oorlogsvrijwilliger op 4 augustus 1914 en onderscheidde zich meermaals aan het front door zijn dapperheid. Hij werd dodelijk getroffen in het bos van Papegoed op 11 september 1918.   745

- Luitenant Alphonse De Grave (18ᵉ linie) werd geboren op 11 januari 1895 in Oostende. Hij werd vrijwilliger op 6 augustus 1914. Zwaar gewond tijdens een verkenning voor Langemark stierf hij in het hospitaal van Beveren op 15 mei 1918   951

- Luitenant Albert De Waele (2ᵉ karabiniers) werd geboren op 22 mei 1896 in Brussel. Hij volbracht met succes diverse gevaarlijke opdrachten. Op verkenning werd hij te Boezinge zwaar gewond op 23 februari 1917 en bezweek 's anderendaags aan zijn verwondingen.   311

- Kapitein Fernand De Wolf (22ᵉ linie) werd geboren op 3 augustus 1892 in Gent. Op 14 augustus 1918 leidde hij in Zuidschote een groep werkers langs een zwaar gebombardeerde weg, wanneer hij door een kartets gedood werd.   777

- Onderluitenant André Devroede (genie) werd geboren op 27 maart 1887 in Paix-Saint-Hubert. Tijdens een verkenningsopdracht in Boezinge op 3 augustus 1916 werd hij door een kogel in het hoofd gedood.   71

- Onderluitenant Valère Dubois (6ᵉ linie) Sneuvelde op 7 juli 1916   656

- Onderluitenant Fernand Duchenne (1ᵉ jagers te voet) werd geboren op 26 mei 1893 in Namen. Hij bevond zich op post in de eerste loopgraaf te De Kippe-Merkem op 5 april 1918, wanneer een munitiedepot ontplofte waarbij hij gedood werd.   995

- Kapitein André Dukers (8e linie) werd geboren op 18 november 1884 in Lierre. Hij diende eveneens in Congo en sneuvelde op 8 mei 1918 in Elverdinge. 968

- Onderluitenant Gaston Evers (1e artillerie) werd geboren op 13 juli 1893 in Brussel. Daags nadat hij tot verbindingsofficier benoemd werd, werd hij voor Kortemark door een inslaande kartets gedood op 14 oktober 1918. 914

- Onderluitenant Ferdinand Fontainas (3e linie) werd geboren op 10 juni 1894 in Ixelles. Hij werd een eerste maal gewond bij de verdediging van de forten van Antwerpen. Pas hersteld, werd hij op 25 april 1915 door een granaatscherf neergeveld bij de verdediging van de hofstede van Lizerne (Steenstrate). 786

- Onderluitenant Nicolas Groeven (9e linie) werd geboren op 6 december 1889 in Scheldewindeke. Gewond door een geweerkogel op 17 april 1918 te Steenstrate bleef hij verder vechten tot een bom hem letterlijk doorzeefde. 1030

- Onderluitenant Fernand Hagen (22e linie) werd geboren op 8 mei 1890 in Verviers. Hij streed mee in het bevrijdingsoffensief en werd neergeveld te Staden op 30 september 1918. 640

- Kapitein-commandant Alfred Hotelet (1e linie) werd geboren op 3 april 1866 in Dencée. Hij maakte de eerste oorlogsoperaties mee en sneuvelde op 26 maart 1915 in Kaaskerke. 903

- Kapitein-commandant Ernest Hotelet (2e jagers te voet) werd geboren op 31 januari 1893 in Bioul. Hij was gedurende 45 maanden aan het front. Op 26 mei 1918 deed hij in Steenstrate een inspectieronde in de eerste frontlijn, wanneer hij door een Duitse sluipschutter neergeschoten werd. 904

- Luitenant Louis Jansen was ingedeeld bij de telegraafdiensten en sneuvelde op 4 oktober 1918. 688

- Kapitein-commandant Frans Kreper (4e jagers te voet) werd geboren op 23 april 1889 in Charleroi. Hij werd een eerste maal gewond op 24 juni 1916, een tweede maal op 2 augustus 1917 en sneuvelde op 28 september 1918 aan het hoofd van zijn manschappen bij de bestorming van de Duitse lijnen aan de Steenbeek te Langemark. 696

- Luitenant Leon Lefebvre (1e linie) werd geboren op 2 januari 1890 in St. Gilles en viel op het veld van eer op 10 oktober 1916 aan het Sas (Boezinge). 36

- Onderluitenant Maurice Lepas (1e grenadiers) werd geboren op 31 december 1893 in Schaarbeek. Hij sneuvelde in Steenstrate, als jonge officier op 29 april 1915 en verkreeg de onderscheiding van de Kroonorde. 225

- Onderluitenant Robert Minor (19e artillerie) sneuvelde in het eindoffensief te Passendale op 28 september 1918. 694

- Onderluitenant Jean Misson (12e linie) werd geboren op 29 augustus 1891 in Rochefort. Hij werd een eerste maal gewond te Diksmuide op 20 juni 1916 en werd op 26 maart 1918 door een Duitse granaat in volle borst dodelijk getroffen. 665

- Onderluitenant Maurice Misson (19e linie) werd geboren op 28 mei 1886 in Rochefort. Zijn tweede kwetsuur opgelopen te Kortemark op 15 oktober 1918 werd hem fataal. (twee broer uit een verschillend regiment werden naast mekaar begraven). 666

- Kapitein-commandant Henri Raucroix (1^e jagers te voet) werd geboren op 12 maart 1880 in Treignes. Hij was gedurende 44 maanden aan het front, wanneer hij te Merkem viel op 5 april 1918 als slachtoffer van stikgas. 994

- Luitenant-Kolonel Jules Ruquoy (2e linie) werd geboren op 12 april 1869 in Oudenaarde. Hij werd in Ramskapelle gewond op 2 januari 1915, streed met zijn manschappen in Steenstrate in 1915 en bezweek op 31 december 1917 aan verwondingen veroorzaakt door een Duitse kartets. Hij verkreeg o.a. de medaille van de "Légion d'Honneur". 366

- Onderluitenant Luc Sandrard (19e linie) werd geboren op 1 november 1892 in Sivry. Hij werd beroepssoldaat op zijn zestiende en bracht het door zijn heldhaftige gedrag tot officier. Tijdens een aanval op vijandelijke stellingen sneuvelde hij op 17 april 1918. 1042

- Luitenant Armand Tobback (13^e linie) werd geboren op 16 september 1893 in Boortmeerbeek. Hij onderscheidde zich in Oud-Stuyvekenskerke op 24 oktober 1914 en vond de dood te Oostvleteren op 6 mei 1917. 508

- Onderluitenant François Wils (2^e linie) werd geboren op 11 november 1891 in Dendermonde. Op 12 september 1914 werd hij te Hofstade aan het hoofd geraakt en kwam naar het front terug, nauwelijks hersteld van zijn wonde. Een bomontploffing doodde hem te Merkem op 11 september 1918. 754

- Graf 674 is dit van Charles Dresse van de 9^e linie. Hij werd in Luik geboren op 23 januari 1897. Hij meldde zich vrijwillig op Kerstmis 1914 (als 17-jarige) en was 29 maanden aan het front, toen hij als adjudant sneuvelde in Poelkapelle op 28 september 1918. Hij heeft aldaar zijn monumentje in de Poperingestraat.

De gebroeders Taymans

De familie Taymans uit Elsene had vier zonen als vrijwilligers aan het front. Drie onder hen kwamen niet terug. Jean, geboren op 31 maart 1883 in Elsene was notaris en plaatsvervangend vrederechter. Hij sneuvelde als adjudant bij het 10^e linieregiment op 28 november 1917 tijdens de inname van de Epernonbunker aan de Kippe in Merkem.

Pierre (22 juni 1884) was substituut. Hij stierf in het hospitaal de Cleppe in Hoogstade op 14 oktober 1918, aan verwondingen opgelopen in de wijk Vuilvaardeke in Woesten. Hij was eerste wachtmeester der ruiterij.

Charles, de jongste, (14 augustus 1896) was onderluitenant in de infanterie toen hij sneuvelde in de slag bij Torhout op 15 oktober 1918.

Alleen Paul (27 augustus 1892) overleefde als reservekapitein in de infanterie Wereldoorlog I. Hij werd mijn ingenieur en overleed op 12 maart 1939.

Moeder Taymans besliste, dat haar drie gevallen zonen moesten begraven worden in grond, die nooit door Duitse troepen betreden werd. Zij kregen hun voorlopig oorlogsgraf op het burgerlijk kerkhof van Oostvleteren. In het koor van de linkerzijbeuk van de kerk is er een glasraam met als onderschrift : "Gloriosae Memoriae Dom. Joannis, Petri et Caroli Taymans, trium fratrum, qui in atroci belli, an 1914 – 1918 generose pro patria sanguinem funderunt ", met onderaan het familiewapen van de familie Taymans met de wapenspreuk "Magna Simpliciter" en dat van mevrouw J. Taymans "Sole Virtus Nobilia"

De Epernonbunker bestaat nog. De grond werd aangekocht door de familie Taymans. Een bronzen gedenkplaat werd op de abri aangebracht.

B) De Duitse militaire begraafplaatsen.

Op het einde van de Eerste Wereldoorlog waren er in Vlaanderen niet minder dan 678 kleine(re) Duitse begraafplaatsen: Het Duitse leger had tijdens de grote wereldbrand niet die organisatie gehad voor het begraven van hun doden, zoals de Britten met hun Imperial War Graves Commission, het latere Commonwealth War Graves Commission (C.W.G.C.)

Voor het onderhoud van die begraafplaatsen stond een speciale dienst in de Belgische Staat, namelijk "Nos Tombes", en in 1925 werd beslist dit nog voor dertig jaar te doen. In 1950 werd dit aantal begraafplaatsen teruggebracht tot 278, d.w.z. 128 kerkhoven met inbegrip van Duitse gesneuvelden begraven op gemeentelijke burgerlijke kerkhoven, Britse militaire begraafplaatsen, Frans – Duitse en Belgisch - Duitse begraafplaatsen.

In 1955 werd dan beslist vier "Sammelfriedhöfe" aan te leggen te Hooglede, Langemark, Menen en Vladslo, wat dan in de eerstvolgende jaren gebeurde en dit onder toezicht van de inmiddels in 1919 ontstane Duitse dienst voor de oorlogsbegraafplaatsen, die instaat voor het verdere onderhoud. Dit is:

Volksbund Deutsche Kriegsgräberfürsorge e.V.
Werner – Hilpert – Strasse 2
D – 3500 – Kassel
Tel. 0049 - 561 – 70 – 09 – 0

Voor België en Frankrijk is de dienst ondergebracht in 41, rue Jules Drumez – F59 840 Pérenchies (Nord) - Tel. 0033-320.08.73.61

De uitbouw er van is vooral het werk geweest van architect Robert Tischler. Volgens recente gegevens van de Volksbund Deutsche Kriegsgräberfürsorge verloor het Duitse leger in Vlaanderen 134.235 man, en in Frankrijk 766.748. Op de vier verzamelbegraafplaatsen rusten meer dan 120.000 gevallenen. Het aantal vermisten is onbekend. Bovendien werden vele Duitse soldaten gerepatriëerd.

Hooglede Deutscher Soldatenfriedhof

De erehalle werd opgetrokken met materiaal afkomstig van het Duitse paviljoen op de Wereldtentoonstelling te Parijs in 1928. Dit is hier de laatste rustplaats voor 8.257 gesneuvelden, w.o. 16 Russische krijgsgevangenen. Zij werden verzameld uit volgende vroegere begraafplaatsen:

Gits: 267		
Handzame: 175		
Hooglede "an der Kirche":	63	
Hooglede West: 1101		
Hooglede Ost: 1720		
Ichtegem: 187		
Kortemark I:	453	
Kortemark II: 1233		
Lichtervelde:	662	
St.-Jozef Hooglede (De Geite):		1259
Torhout: 987		
Wingene – Ruddervoorde:	60	
Zwevezele:		52
Onbekende afkomst:	38	
Totaal: 8.257 = 4.134 grafstenen.		

Er zijn 47 leden van de luchtmacht en 253 van de marine.

Bijzondere graven
De hoogste in militaire rang:
- Majoor Maximiliaan Stapf – 50 j. –
  Bataljonskommandant 1e Bon. – B.I.R.10 –

Hooglede Deutscher Soldatenfriedhof.

gesneuveld op 4 oktober 1917 –
begraven in rij 77 – graf 8.127

Dokters:
- Oberarzt d.Res. Friedrich Decker (28)
  1^e Bon. – B.I.R.10
  Gestorven aan verwondingen
  5 oktober 1917
  Begraven in rij 45 – graf 4676

- Assistent Arzt P.Hollaender
  3^e Bon. – J.R. 176
  26 oktober 1917
  Begraven in rij 3 – graf 277

*De erehalle van het Hooglede Deutscher
Soldatenfriedhof.*

Hooglede Deutscher Soldatenfriedhof. Algemeen zicht op de erehalle.

- Stabsarzt Philipp Richard (38)
  R.I.R. 236
  6 september 1915
  Rij 48 – graf 5054

- Stabsarzt d. Reserve August Rieth (39)
  2e Bon. – B.R.I.R. 22
  1 november 1917
  Rij 4 –graf 380

- Unterarzt Hans Schmarbeck
  Bayr. Ersatz Infanterie Regt. 3
  16 augustus 1917
  Rij 21 – graf 2219

- Verpleegster:(Diakonisse)
  Marie Joppig
  Kriegslaxaret Abteilung 22

Gestorven op 25 mei 1915
Rij 66 – graf 6930

Duitse adel:
- Leutenant Freiherr (Baron) Christ von Welk
  1e M.G. Komp./Grenadier Regiment 101
  Gesneuveld op 28 september 1918
  Rij 53 – graf 5576

Jongste gesneuvelde:
- Kriegsfreiwilliger Karl Rose (16)
  8ste – Komp./Reserve Infanterie
  Regiment 204
  Stierf aan zijn verwondingen
  13 november 1914
  Rij 76 – graf 7980

Er zijn 70% gesneuvelden uit 1917.

Hooglede Deutscher Soldaten-friedhof. Stemmingsbeelden van de begraafplaats.

Langemark Deutscher Studentenfriedhof.
In de achtergrond de beeldengroep van Emil Krieger.

Langemark Deutscher Studentenfriedhof

Het grote "Studenten-Friedhof Langemarck Nord" werd ingewijd op 10 juli 1932 en bestond toen slechts uit het gedeelte achter de toegangspoort, met meer dan 10.000 graven. Met de uitbreiding werden meer dan 10.000 graven bijgeplaatst op dit gedeelte, het voormalige "Mohnfeld" of klaprozenveld.

In een massagraf werden dan nog eens bijna 25.000 gesneuvelden bijgezet en de namen van de geïdentificeerden (ongeveer 17.000) werden in 1984 op 68 bronzen gedenkplaten vereeuwigd, vastgemaakt op 34 rechtopstaande stenen.

In 1971 werden de kruisen vervangen door natuurstenen platen met daarop naam, rang en sterfdatum, maar ze moesten in de loop van 1989 reeds worden vervangen door stenen van een duurzamere kwaliteit. Op die stenen komen tot maximum 20 namen voor, voorbeeld: 14 onbekende Duitse soldaten (in het Duits) naast zes namen van bekenden.

Om de eentonigheid wat te breken, komen toch enkele bazaltstenen kruisen, naast de eikenbomen die uit Duitsland werden overgebracht en hier geplant.

Beeldhouwer Emil Krieger realiseerde de vier prachtige soldatenfiguren achteraan het "klap-

IN EINEM GEMEINSAMEN GRABE
RUHEN HIER
24917 DEUTSCHE SOLDATEN
7977 BLIEBEN UNBEKANNT

Langemark Deutscher Studentenfriedhof. Ingang van de begraafplaats met vooraan een "Kamaradengrab".

rozenveld" in brons. De vier figuren beelden de vier legerafdelingen uit : land-, zee- en luchtleger en medische corps. (de figuur zonder helm).

De ingangspoort evenals de omheiningsmuur bestaat uit rode Wesersteen. Belangrijk is de spreuk aangebracht aan de binnenkant van de ingangspoort bovenaan, van de bekende Duitse dichter Heinrich Lersch :

DEUTSCHLAND MUSS LEBEN
UND WENN WIR STERBEN MÜSSEN

Voor het "Einbettungsfeld" of "Kamaraden-grab" (dit is het massagraf) ligt een gedenksteen met een bronzen lauwerkrans (hetgeen in Duitsland zeer veel voorkomt) met daarin het citaat uit de bijbel van Jesus (43.1) *"Ich habe dich bei deinem Namen gerufen, du bist mein"*.

Verder acht wapenschilden (beide Vlaanderen samen) voor onze provincies. Op het noord-gedeelte bemerken wij nog drie bunkers van de zogenaamde Hindenburgstellung (of lijn Langemark – Geluveld) op het zogenaamde "Studentenfriedhof" met merkwaardige ge-denkstenen met de namen van de studenten-genootschappen.

Een drieduizendtal hogeschoolstudenten liggen hier begraven, gesneuveld eind oktober 1914 in hun poging Ieper in te nemen tegen uiterlijk 1 november. Na een zestal weken summiere training waarbij zij niets meer geleerd hadden dan in ganzenpas lopen, ondergingen zij hier hun vuurdoop tegen Britse en Franse troepen, die reeds een frontervaring achter zich hadden. Hun keizer had hun vanuit zijn hoofdkwartier te Tielt bevolen :

"Ypern nehmen oder sterben".

In Duitse krijgsliteratuur van kort na de Oorlog kunnen wij citaten lezen als :
- der Kindermord von Langemarck

- die Blume der Deutschen Jugend liegt begraven vor Langemarck

In 1917 diende rond Langemark een jonge Duitse soldaat Erich Paul Remark, in Osna-brück geboren in 1898 en stierf in Locarno (CH) in 1970. Hij schreef onder de schrijversnaam Erich Maria Remarque zijn wereldberoemd boek :
"Van het Westelijk front geen nieuws"

Adolf Hitler was hier op bezoek op 8 juni 1940. De afsluitende uitbouw van deze begraafplaats gebeurde in 1970-1972. Het aantal graven bedroeg in de definitieve uitbouw 44.296, met een massagraf voor 24.942 . Op 6 november 1998 werden stoffelijke resten van 22 onbe-kende Duitse soldaten opgegraven in de streek in het massagraf bijgezet.

Verder rusten op 88 Britse "cemeteries" in de Ieperboog in totaal 2.525 Duitse soldaten.

Volgende begraafplaatsen werden opgedoekt en de stoffelijke resten van de gevallene "Krieger" naar hier overgebracht. (Tussen haakjes het aantal officieren en soldaten)

- Langemark –Keerselare (100)
- Moorslede 35 (407)
- Moorslede 38 (1.370)
- Moorslede – Koekuithoek I (1.495)
- Moorslede – Koekuithoek II (450)
- Passendale – Kalve (145)
- Passendale – Moorslede station (430)
- Poelkapelle 12 (232)
- Poelkapelle – Pelikaan (294)
- Poelkapelle – Spriethoek (60)
- Staden (1.562)
- Staden – Vijfwegen (339)
- Westrozebeke (1.218)
- Zillebeke – Kantientje (106)
- Zillebeke – Hooge (178)
- Zillebeke – Polygoon (304)

Langemark Deutscher Studentenfriedhof. "Kamaradengrab"

In het "Kameradengrab" of massagraf liggen ondermeer begraven :

Vier dokters – geneesheren, te weten :
- Artz Leo Aenstoots (9.5.1918)
  II / I.R. 57(Infanterieregiment nr. 57)

- Oberartzt Vinzenz Berger (1.5.1918)
  II. / I.R. 450

- Dr. Otto Fischbach, Btl. Artz (11.11.1914)
  III/Bayr. R.I.R. 216
  (R.I.R. = Reserve Infanterieregiment)

- Artzt Josef Schoettl (29.4.1918)
  Stab II/Bayr. I. Lb. R.

- Marschall v. Sulicki Friedrich – Oberst
  Leutnant u. Regiment Kommandeur
  (26.10.1914) Stab R.E.R. 3

Volgende "Flieger" of piloten

- Flieger Hermann Biwer (9.10.1918)
  Bomb. Geschwader Staffel 19

- Leutnant Erwin Böhme (29.11.1917)
  Jasta Boelcke (houder van "Pour le Mérite" de hoogste Duitse onderscheiding)

- Flieger Hermann Borchard (15.11.1918)
  Flg. Abt. 274

- Flieger Willy Kampfmeyer (8.4.1918)
  Jagdstaffel 33

- Flieger August Lüders (12.11.1918)
  Schlachtstaffel 10

- Flieger Gerhard Möckel (13.11.1918)
  Bomb.Geschw. 5-Staffel 14

- Flieger Anton Nowack (26.10.1918)
  Jagdstaffel 59

- Leutnant Werner Voss (23.9.1917)
  Jasta 10
(houder van het "Pour le Mérite". 50 lucht-
overwinningen)

Eveneens Duitse adel :
- Freiherr v. Langermann u. Erlenkamp
  Friedrich - Unteroffizier (12.8.1914)
  2/Drag. R. 17

- Freiherr v. Massenbach Christian,
  Vizefeldwebel (23.10.1914)
  2/1.G.F.A.R.

- Freiherr Spiegel v. u. zu Peckelsheim Karel,
  Leutnant (11.11.1914)
  1e Garde Regiment

- Freiherr von Usslar – Gleichen, Oberleutnant
  10. / R.I.R. 243

- Baron Digeon von Monteton Viktor, Major
  (12.8.1914)
  Stab/Drag. R. 18

-Verder nog zeven Ulanen :
- Ulan Fritz Bölk (19.8.1914)
  4 / 2. G. Ml. R

- Ulan Erich Frank (30.7.1918)
  5/Ulan Regt. 9

- Ulan Otto Grunwald (16.10.1918)
  2/ Ulan Regt. 9

- Ulan Paul Hinke (19.8.1914)
  5/ 2. Ul. R.

- Ulan Wilhelm Reinhartz (3.11.1918)
  3/ Ul. R 7

- Ulan Mathias Stapper (13.8.1914)
  1/ Ul. R 5

- Ulan Albert Widmann (22.8.1914)
  3/Ul. Rgt. 19

Verder slachtoffers van den Grooten Oorlog,
die begraven werden in het "K-grab" zijn
ondermeer :
- een rechter, Dr. Jurist Walter Faull, Offiziers
  Stellvertreter (12.11.1914)
  2/R.I.R. 214
- een Britse soldaat, Albert Carhil (4.11.1918)
van 1st / 4th North Lancashire Regiment.
- Een Engelsman L. Lookley (30.10.1918)
van C.E.S.R.A.
- Een Franse krijgsgevangene, Josef Arnault
(17.11.1918)

- Een Russische arbeider van Arbeiters –
Batallion 13, Gabriël Biemilow (28.10.1918)

- een "Zivilist" of burger, Eugène Craffee
(13.11.1918)

- een "Belgiër" (Belg), Georges Stragier
- twee "Helferinnen" of helpsters, Augusta
Burkhardt (28.10.1918) van Zivil Verwaltung
en Margarete Ditzer (28.10.1918) van Wi.
Ausschuss Et. Insp. 2 – Namur.
- De Russische krijgsgevangene Iwan Kraskin
(13.11.1918)
- Wilhelm Gersch (29.10.1918) was "Bäcker"
(bakker), evenals Heinrich Meyer (30.10.-
1918), die verbonden was aan Ets. Hilfsback.
Köl. 24
- Walter Ibsch (14.11.1918) was een "Pferde-
Pfleger" van het "Grosse Pferde Lazaret
587" en Johann John (26.3.1918) was een
smid van de Mil. Eisenbahn Werke St. Amt,
Namur

- Karel Lacher (2.11.1914) was "Musik-Meis-
ter" in het A. Regiment 84 Strassburg.

Langemark Deutscher Studentenfriedhof. Groepje hogeschoolstudenten en de drie Duitse bunkers.

- Ferdinand Mika (12.8.1918) was "Schlosser" verbonden aan de Militärische Eisenbahn Werkstätte Abteilung 1

- Heinrich Rudolf (1.4.1918) was machinist (Lokomotiv – Führer) van de Militärische Eisenbahn Betr. Werkstatt Namur.

- Arthur Rudolf (17.4.1918) "Werkmeister" van de Sächsische Flieger – Abteilung 250.

- "Bahnarbeiter" Zimmermann (2.11.1918) was de stationsoverste van Ohligs en arbeider Robert Zimmermann (5.9.1918) was aan de Bahnmeisterei Namur.

Volgende personen kregen een "Einzelgrab" of individueel graf:
- Major Ernst Baumler (23.4.1915)
  J. Batl. – R.I.R. 238   19683

- Major Ernst August Flatow (25.1.1915)
  Stab III – R.I.R. 248   18034
- Major Louis v. Matthiesen (4.11.1914)
  R.I.R. 216   8198
- Major Ludwig v. Hornhorst (27.10.1914)
  R.I.R. 243   13349
- Major Willy Quedenfeldt (10.11.1914)
  3/R.I.R. 204   1284
- Major Josef Ryll (24.10.1914)
  Stab II / R.I.R. 215   2709
- Major Heinrich v. Sanden (3.11.1914)
  R.E.R. 4 – Stab II   13410
- Major Friedrich Ziehl (26.10.1914)
  Stb. Jäg.   13228

- Flieger – Leutnant Gustav Jemer (7.10.1918)
  Flg. Abt. 3   10244
- Unteroffizier Hans Gossler en Unteroffizier Bruno Wiedemann,
  Schusta 27b – 26.9.1917

Menen Deutscher Soldatenfriedhof. "Het Ehrenbuch".

- Leutnant Ernest Sauter en Leutnant Fritz Pauly van FA 45 – 5.12.1917
Alle vier werden neergehaald door Jimmy Mc Cudden.
- Freiherr v. Gregory Ferdinand (19.4.1915)
  R.I.R. 241   13204
- Ulan Walter Bringe (30.7.1918)
  1. Ulan Regt. 9   11119
- Ulan Friedrich Griem (19.8.1914)
  1. I.R. 463   11183
- Ulan Karl Möde (28.7.1918)
  4./Ulan Regt. 9   11040
- Ulan Emil Piske (28.7.1918)
  4. / Ulan Regt. 9   11035
- Ulan Wilhelm Schulz (31.7.1918)
  5./Ulan Regt. 9   11118

- De Russische Gefreiter (korporaal) van het R.I.R. 250, Joseph Butschinski (27.12.1915).
       17749
- Meest voorkomende familienamen :
  Müller (269), Schmidt (209), Meyer (109), Fischer (108), Schneider (89), Schulz (89), Weber (80)

Menen Deutscher Soldatenfriedhof

Aan de Groene –en Kruisstraat te Menen, op de grens met Wevelgem werd de grootste Duitse "verzamel"- begraafplaats aangelegd op een oppervlakte van 2,5 ha voor 47.864 gesneuvelden.

De vermelding van hun naam geschiedt op 2.400 arduinen stenen. Alle Duitse militairen die tijdens de Eerste Wereldoorlog hun laatste rustplaats hadden op het "Ehrenfriedhof Meenen Wald no. 2" werden opnieuw begraven en gegroepeerd in perk M. Het stoffelijk overschot van Duitse gesneuvelden begraven op het stedelijk kerkhof werd hier gecentraliseerd in perk H.

Een mooie achthoekige kapel met mooie mozaïeken versierd vermeldt van waar de stoffelijke resten van de andere gesneuvelden in 1957 – 1958 naar hier overgebracht werden : "Diese Tafeln tragen die Namen der Gräberstätten, von denen Sie kamen nach Menen-Wald" Schlachtfeld Soldatengrab Nimm Gott in die Hände und Sein Siegel bleibt dort bis zur Zeitenwende"

Dit alles gebeurde in 15 perken van "A" tot en met "P" , voor uitzondering voor de letter "J". Het interieur van de kapel bestaat uit een gewelfde ruimte, die in het midden gedragen

Begraafplaatsen die overgebracht werden naar Menen-Wevelgem		
Gemeente & gehucht	Duitse benaming en nr.	Vermoed dodenaantal
Anzegem	Ehrenfriedhof N° 108	2.105
Ardooie – Bergmolen	Ehrenfriedhof N° 168	360
Beselare – In De Ster	Ehrenfriedhof N° 51	1.004
Beselare – Hollebosch	Ehrenfriedhof N° 52	1.116
Beselare – Molenhoek	Ehrenfriedhof N° 54/55	806
Beselare – Kirche	Ehrenfriedhof N° 56	662
Beselare – Zwaanhoek	Ehrenfriedhof N° 100	1.687
Beveren – Roeselare	Ehrenfriedhof N° 27	1.454
Dadizele – Klephoek	Ehrenfriedhof N° 46	808
Dranouter	Ehrenfriedhof	
	Donegal Farm N° 183	2.177
Geluwe – Koelberg	Ehrenfriedhof N° 58/59	1.370
Geluwe – Ter Hand	Ehrenfriedhof N° 44	400
Geluwe – Mühle	Ehrenfriedhof N° 60	1.487
Gullegem	Ehrenfriedhof N° 177	391
Heule	Ehrenfriedhof N° 178	1.258
Hollebeke – Kasteelhoek	Ehrenfriedhof N° 232	567
Hollebeke Drei Häuser	Ehrenfriedhof N° 219/226	893
Hollebeke	Ehrenteil auf Gemeindefriedhof	?
Houthem	Ehrenfriedhof N° 87	2.849
Houthem – Kortewilde	Ehrenfriedhof N° 109	508
Klerken – Pierkenshoek	Ehrenfriedhof N° 139	1.478
Klerken – Houthulsterwals	Ehrenfriedhof N° 143	1.055
Komen – Zandvoorde – Kruiseyck		
	Ehrenfriedhof N° 80	417
Komen – Ter Brielen – Hoogebosch		
	Ehrenfriedhof N° 185	1.474

Gemeente & gehucht	Duitse benaming en nr.	Vermoed dodenaantal
Komen	Gemeindefriedhof	?
Kortrijk – St. Jan	Ehrenteil auf Gemeindefriedhof	
	N° 175	2.223
Lauwe	Ehrenfriedhof N° 180	628
Ledegem	Ehrenfriedhof N° 45	1.758
Ledegem – St. Pieter	Ehrenfriedhof N° 44	463
Marke	Ehrenfriedhof N° 179	296
Menen	Ehrenteil auf Gemeindefriedhof	647
Menen – Wald	Ehrenfriedhof N° 62	6.409
Moorsele	?	?
Passendale – Keerselaerehoek		
	Ehrenfriedhof N° 173	394
Poelkapelle	Ehrenfriedhof N° 111	1.154
Poelkapelle	Ehrenfriedhof N° 113	658
Poelkapelle – Dorf	Ehrenfriedhof N° 124	802
Roeselare	Ehrenteil auf Gemeindefriedhof	1.354
Roeselare – De Ruyter	Ehrenfriedhof N° 29	2.806
Rumbeke - Bergmolen	Ehrenfriedhof N° 4	1.114
Voormezele	Gemeindefriedhof	?
Waasten - Zuckerfabrik	Ehrenfriedhof N° 70	286
Waasten - Explosionsstell	?	?
Wervik - Amerika	Ehrenfriedhof N° 64	349
Wervik - Geluwe - Nachtegael		
	Ehrenfriedhof N° 57	1.057
Wervik - Nord	Ehrenfriedhof N° 65	3.092
Wytschate - Oosttaverne		
	Ehrenfriedhof N° 97	1.640
Winkel St. Elooi	Ehrenfriedhof N° 176	1.093
Zonnebeke - Broodseinde		
	Ehrenfriedhof N° 102	567
Zonnebeke - Broodseinde		
	Ehrenfriedhof N° 103	5.963

wordt door een steunpilaar met neo-byzantijnse en neo-romaanse motieven. De wanden zijn met bladgoud en mozaïek bekleed en geven symbolen uit het testament weer. Rondom de kapel treft men acht zerken aan met de namen van de 53 begraafplaatsen van waarvan de gesneuvelden naar hier overgebracht werden.

In 1991 werden alle grafstenen vernieuwd. De begraafplaats is omzoomd met eik, tamme kastanjeboom, rododendron en liguster.

Naast meerdere "Hilfsärtzte" of hulpdokters liggen hier volgende dokters-geneesheren begraven :

- Zivilarzt Dr. Med. Karl Erich Beissert
  29.4.1915   P – 1725

- Oberarzt Alfons Gottlieb Bittner
                                               O – 306

- Dr. Assistent – Artzt Hans Feige
  07.11.1917   M – 3169

- Dr. Stabartzt (Stafarts) Julius Hey
  05.12.1914   G – 1866

- Oberartzt Otto Kirschhübel
  18.05.1918   A – 2002

- Oberarzt Dr. Rudolf Köst
  15.12.1914   F – 1510

- Oberarzt Dr. Friedrich Löhe -
  28.07.1917   O – 190

- Arzt Heinrich Lüdecke
  14.12.1914   F – 2316

- Oberarzt Heinrich Meyer
  21.09.1917   L – 2326

- Stabarzt Hermann Meyer
  04.05.1917   A – 3189

- Oberarzt Bruno Moslener
  17.08.1917   P - 1675

- Oberarzt Dr. Hugo Müller
  17.11.1914   K – 2925

- Stabsarzt Dr. Hermann Reuchlin
  03.06.1917   K – 2665

- Stabsartz Dr. Arthur Sailer
  19.07.1916   F – 545

- Stabsartz Dr. Felix Schultze
  06.11.1917   M – 0353

- Oberartz Ernst Hans Steffensen
  04.02.1917   A – 1608

- Oberartz Dr. Wilhelm Striegel
  25.09.1918   I – 2706

- Oberartz Otto Valentiner
  27.01.1915   F – 1615

- Oberapotheker Erich Ehrenfreund
  23.10.1918   C – 2838

De hier begraven piloten kwamen zoals te Langemark eveneens uit verschillende jacht-eenheden.

- Flieger Josef Bauch   I – 2790
  19.07.1918
  Jagdstaffel 20

- Leutnant u. Flugzeugführer Hans Belohawek
  genannt Gossner   M – 3121
  15.11.1915
  Feldfliegerabteilung 33

- Flieger Georg Boit   L – 1430
  12.03.1918
  Jagdstaffel 51

- Flieger Josef Diekmann   I - 3439
  27.10.1917
  Jagdgeschwader 1

- Flieger Oswald Feige   A - 1661
  16.09.1918
  Flg. Abt. 26

- Flieger Nikolaus Heisel   K - 0325
  24.11.1917
  Flg. Abt. A 250

- Flieger Georg Kabus   I - 3371
  13.03.1918
  Jagdstaffel Boelcke

- Flieger Enno Knoll K - 1208
  04.07.1918
  Armeeflugpark IV

- Flieger Willy Mönch I - 3466
  06.10.1917
  Jagdstaffel 4

- Flieger Karl Müller K - 1982
  28.10.1917
  Jagdstaffel 18

- Flieger Otto Schneider L - 2142
  17.06.1917
  Armeeflugpark IV

- Flieger August Schulze I - 3461
  20.09.1917
  Jagdstaffel 4

- Flieger Paul Reinhold K - 1210
  04.07.1918
  Armeeflugpark IV

- Flieger Paul Schramm K - 0354
  22.03.1917
  Flieg-Abt. 19

- Flieger Karl Schwebke I - 3402
  20.09.1917
  Jagdstaffel 4

- Flieger Vinzent Starzynski I - 3433
  13.03.1918
  Jagdstaffel Boelcke

- Flieger Hubert Stürmer K - 437
  28.12.1917

- Flieger Kaspar Tollmann I - 2787
  17.07.1918
  Jagdstaffel 20

- Flieger Heinrich Tornow K - 2935
  07.07.1917
  Flg. Abt. 6

- Flieger Arnold Wieraad I - 3372
  13.03.1918
  Jagdstaffel Boelcke

- Flieger Walter Wildenheyn I - 3440
  28.10.1917
  Jagdstaffel 10

- Flieger Zimmerman K – 2513

- Vizefeldwebel Jozef Lautenschläger I – 3597
  12 maart 1892
  Jagdstaffel 11
  De Jagdstaffel van Lautenschläger (Reifenthal
  12 maart 1992) stond onder bevel van de
  legendarische Rode Baron (Rittmeister Man-
  fred Freiherr von Richthofen). Op 29 oktober
  1917 vloog hij met zijn Fokker Dr 1 boven
  Houthulst toen hij door een kamaraad boven
  eigen linies werd neergehaald. Hij werd
  begraven op het Ehrenfriedhof No. 179 in
  Marke. (De Rode Baron had zijn basis in het
  park van het kasteel van baron de Bethune)
  Vfw. Lautenschläger had één overwinning.

- Vizefeldwebel Fritz Krebs K – 2975
  16.07.1917
  Jagdstaffel 6
  Krebs lag met zijn Jagdstaffel op het vliegveld
  Bissegem – Wevelgem. Op 16 juli 1917 ging
  hij boven Zonnebeke een duel aan met Captain
  G.H. Bowman van het 56ᵉ Fighter Squadron.
  Hij verloor het pleit en werd eerst begraven op
  de Duitse militaire begraafplaats in Broods-
  einde-Zonnebeke.

- Hauptmann Hermann Thumm H – 2781
  09.05.1915
  Flieger Abteilung 3

Menen Deutscher Soldatenfriedhof. Het interieur van de kapel met de leeuwen.

Ook hier ligt Duitse adel begraven :
- Major Freiherr Alexander von Bernowik

G – 463

11.11.1914
1./J.R.118

- Oberleutnant Freiherr von Elberfelde
  genannt Maximilian Beverfaerde – Werries

N – 1868

21.10.1914
3. R1/R.245

- Leutnant Graf Thure von Klinckenstroem

I – 1046

17.11.1914
Dragonder Regt. 12 – J.R. 49

- Freiherr Fahnrich v. Seckendorff   I - 0734
  Gutend Meinh.
23.10.1914
2. Dragonder Regt. 5

- Major Graf von Zech   N – 1947
29.10.1914
1. Bay. R.I.R. 16

- Oberleutnant Freiherr Ernest Verschuer

I – 0723

23.10.1914

- Oberleutnant Freiherr Siegmund v. Prankh

G – 1726

31.10.1914
1. Bayr. Jg. 2

- Hauptmann Freiherr Albert v. Werthern

H – 2937

9.11.1914
1. Garde Feld A.R.

Ook Uhlanen kwamen hier terecht, zoals:
- Ulan Karl Best   H – 2968
11 september 1914
5e Kompagnie 11. Ulanenregiment

Best werd eerst begraven op het burgerlijk kerkhof.

- Ulan Johannes Siegler   E-2828
15.06.1916
3./Ul. Regt. 19

- Ulan Wilhelm Spiegelberg   B-657
30.07.1918
5./Ul. Regt. 9

- Unteroffizier Ferdinand Schmid   B-406
14.10.1914
4. Ul. Regt. 20

- Ulan Maximilian Schmitz   C-2902
Okt. 1914
2. Ul. Regt. 11

- Ulan Gustav Teichert   L 1902
26.08.1918
1. Esk. / Ul. Regt. 3

- Ulan Adolf Gustav Schneider   M-1980
31.07.1918
3. Ul. Regt. 3

- Ulan Karl Voss   I-0245
22.07.1917
2. Ul. Regt. 14

- Ulan Wilhelm Wesener   M-1862
28.07.1918
3./ Ul. Regt 13

- Ulan Frans Wirbitzki   C-2964
20.10.1918
2. Ul. R 4

- Ulan Wollsiefer   I-1621
17.08.1918
1. Esk. / Ul. Regt. 4

Vladslo Deutscher Militärfriedhof. Het beroemde beeldhouwwerk van Käthe Kollwitz "Het treurende ouderpaar". Moeder is één en al droefenis en leed, vader kijkt stoer en verbeten neer op de plaats waar zoon Peter - 17 1/2 jaar jong -, sneuvelde voor Esen op 23 oktober 1914, begraven ligt.

Ook Russen werden hier begraven :
- Ludwig Kalkofski   K-2693
  13.04.1917
  Russenlager Geluwe

- Wasili Lichatschew   K-2519
  30.08.1917

- Gregori Mitzurri   N – 2158
  Nr. 3949
  28.12.1915

- Sergei Morkin   I-3132
  9.10.1917
  12./J.R. 52, 4. Kamp Gefangenen
  Arb. Btl. 68

- Slia Paschinin   P-1646
  31.02.1915
  453 J.R.

- Dimitri Pawlow   M-1449
  06.04.1918
  20 R.J.R.

- Michael Szabolin   G-2096
  28.12.1915
  Nr. 3780

- Anton Schlagsmuss   D-1358
  15.01.1916

- Iwan Varrjow   G-2156
  28.12.1915
  Nr. 3885

- A.P. Tirsoduis   K-3294
  30.04.1916
  2.Gef. Arb. Btl. 13

Militaire gevangenen:
- Kurt Müller   M – 1830
  18.12.1919

- Alois Stolzenberg   M – 0956
  11.06.1918
  Mob. Mil. Gef. Kp. 9 – 10/J.R. R. 38

- Eduard Willms   I – 2812
  12.09.1918
  Mil. Gef. Kp. 48

- François Hervé   H – 288
  5./Landwehr Jäger Regiment 156
  Hervé had de Franse nationaliteit.

- Paul Schinke   M – 1133
  07.06.1917
  Stab 7.J.D.
  Schinke was aalmoezenier

- Christian Stadtmüller   G – 2653
  03.06.1918
  Bay. Min. Kp. 3
  Stadtmüller was een "Mineur" of tunnel-
  graver.

Burgerlijk personeel :
- Georg Ebermeier   K – 2835
  26.12.1914
  Bakker bij Feldbäckerei 2

- Anton Fechtig   G – 3116
  07.06.1918
  Reserve Eisenbahn Baukamp 31
  Spoorwegarbeider

- Wilhelm Müller   L – 1698
  29.1.1918
  Eisenbahnbetrieb Kamp 8
  Telefoonarbeider

- Karl Rummel   K – 1213
  25.04.1918
  treinmachinist van "Bahnhof Kortrijk" (!)

- Richard Schulz   L – 3310
  21.02.1915
  bakker van Et. H. Bäckerei K 122

Vijf dames:
- Agnes Arlt   P – 804
  01.02.1916
  Kriegslazaret 123
  Schwester

- Vera v. Arnsberg   K – 2694
  12.04.1917
  Krankentransport Abteilung 4
  Schwester

- Thérèse Herrnstein   K – 3355
  18.01.1915
  Lazaret Transport G.
  Krankenschwester

- Hedwig Kirchner   K – 1077
  02.10.1918
  Bayrische Kriegslazaret Abteilung 64
  Schwester

- Maria Finn   P – 805
  19.05.1915
  Kriegslazaret 123
  Feldköchin

Vladslo Deutscher Militärfriedhof

Van de baan Diksmuide-Torhout slaat men 5 kilometer oostelijk van Beerst linksaf, via de Houtland - Beerststraat naar Leke toe. Na enkele honderden meter komt men bij het door bos omgeven soldatenkerkhof met 25.638 gesneuvelden. De begraafplaats is ook te bereiken van uit Esen richting Vladslo, Vladslo voorbij naar bovenvermelde rijksweg toe.

Een manshoge beukenhaag omgrenst de dodenakker, die beplant is met eiken en lariksen. Er staan twintig namen op iedere gedenksteen. Hier staat het beroemde beeldhouwwerk van Käthe Kollwitz "het treurende ouderpaar". Moeder is één en al droefenis en leed, vader kijkt stoer en verbeten neer op de plaats waar zoon Peter - 17 1/2 jaar jong -, die viel voor Esen op 23 oktober 1914 als "Musketier" - oorlogsvrijwilliger in het 4e R(eserve) I(nfanterie) R(egiment) 207. Plaatsaanduiding op de steen: 3/29

Vladslo telde oorspronkelijk 3.233 graven. In 1955 - 57 werd deze begraafplaats uitgebreid met graven uit andere "Soldatenfriedhöfe". Ze kwamen uit:

- West-Vlaanderen : Aartrijke - Wijnendale, Brugge-Steenbrugge, Esen-Roggeveld, Komen - Kruiseike, Kortrijk, Leffinghe, Loker, Middelkerke, Oostende, Stene.

- Oost - Vlaanderen : Aalst, Oudenaarde, Dendermonde-Appels, Deinze, Geraardsbergen, Gent-West, Melle, St.-Niklaas-Waas.

- Antwerpen : Antwerpen - Schoonselhof, Lier, Mechelen
- Brabant : Grimbergen - Pont Brulé, Halle, Houthem - Ste. Margriet, Leuven, Merchtem, Schaffen, Tienen, Wespelaer
- Namen : Biesme - Braunschweig Denkmal, Biesme - Wagnée, Champion-Jette Fooz, Marienbourg, Namen, Onhaye, St. Gerard-Maison.
- Henegouwen : Aiseau - Belle Motte, Ath, Bonsecours, Boumi-sur-Haine, Charleroi, Chatelet Tour d'Eau, Gozée, Mons, Ramegnies-Chin, Roselies, Thuin, Doornik, Wasmes-Borinage.
- Limburg : Halen
- Luik : Huy-la-Sarte, Luik Ste. Walburge, Malmédy, Ougrée-Boncelles, Raeren, Romsee, Saive-Rabozee, Spa, Verviers.
- Luxemburg : Arlon, Bouillon, Orges-Biourge, St. Vincent

Er zijn in totaal tien perken, genummerd van 1 tot en met 10, symmetrisch opgebouwd. De nummers op de platliggende stenen beginnen eerst met het perknummer, gevolgd door het grafnummer.

Bij het betreden van de begraafplaats vindt men onmiddellijk rechts onder het kleine laagje struikgewas, achter de lage kleine cementen zitbank, een platliggende steen, met als opschrift:

HIER RUHEN 2 BRÜDER
KORV. (ETT.) KPT. MAX BOLAND
28.1.15
LEUTNANT WILLI BOLAND
3.11.15

BEIDE STANDEN,
BEIDE FIELEN FÜR IHRE
VATERLAND.

(De grote steen dichtbij stond oorspronkelijk op het vroegere Duitse kerkhof te Middelkerke)

- Aan de zijkanten van de begraafplaats bevinden zich een tiental bijzondere gedenktekens.

- Hier ligt ook Duitse adel begraven :

In 3-431 : Freiherr von und zu Totenwarth Gaston, Gefreiter (korporaal) gestorven op 10 november 1914.

In 2 - 2192 : Freiherr von Salis - Seewis Franz, Luitenant gesneuveld op 25 mei 1918.

In 9 - 2314 : Freiherr von Puttkamer Peter, Hauptmann (kapitein) gesneuveld op 9 augustus 1914.

In 9 - 1138 : Graaf von Kalnein Erhard, Rittmeister die diende in het 1e Dragonder Regiment 17 gesneuveld - vroeg in de oorlog - op 12 augustus 1914.

- Op deze Duitse militaire begraafplaats liggen negen vrouwen begraven:

- Ilse Böhm   7 - 800
  2 november 1918
  Helferin (helpster, uit Ath)

- Martha Charlet   5 - 562
  13 februari 1917
  Keizerlijke Lazaret 31 F
  Schwester (zuster)

- Maria Eiblweiser   2 - 2743
  4 april 1918
  Keizerlijk Lazaret Hochberg
  Krankenschwester (verpleegster)

- Leutberta Herbst   2 - 2684
  10 oktober 1918
  Keizerlijk Lazaret 664 - afdeling 20
  Krankenschwester (verpleegster)

- Lisa Rothermund   4 - 899
  29 oktober 1918
  Keizerlijk Lazaret 130
  Schwester

- Gertrud Sellingsloh   4 - 1565
  13 november 1918
  Mobiel commandotransport Antwerpen
  Helferin

- Anne Schoesse   10 - 770
  21 oktober 1918
  Helferin

- Kinnia Wäschle   5 - 1583
  7 oktober 1918
  Keizerlijk Lazaret 130
  Schwester

- Gravin Katharina v.d. Schulenburg   9 - 972
  2 september 1914.
  Oberschwester

- De hoogste in rang is Generalmajor Friedrich von Wüssow van de 14e Infanterie Brigade. Hij sneuvelde voor Namen op 6 augustus 1914.   9 - 1580

- De eerste rij stenen vooraan links bij het betreden van de begraafplaats, plus een steen in de tweede rij vermelden allemaal slachtoffers van één dag, 22 augustus 1914.

Artsen uit het Duitse medische korps:
- Stafarts Dr. Herman Friese   7 - 1776
  30 september 1914

- Stafarts Dr. Gustav Hein   5 - 589
  22 april 1917

- Arts Dr. Adolf Köhler   7 - 1667
  9 oktober 1918

- Hoofdveearts Peter Kreuder   7 - 1571
  21 september 1916

- Hoofdveearts Johann Lubezijk   4 - 344
  25 oktober 1918

- Hoofdarts Alfred Materne   6 - 853
  5 oktober 1918
- Tandarts Berthold Strauss   2 - 2732
  14 april 1918

- Meer dan 50 Duitse burgers, die medewerking verleenden in het Duitse leger op velerlei gebied, als bakker, timmerman, metser, arbeider, baanwerker, treinmachinist, enz.. en omkwamen in de Grote Oorlog liggen hier begraven tussen de militaire slachtoffers. Hetzelfde lot geldt ook voor negenentwintig Russische krijgsgevangenen.

De meest voorkomende familienamen zijn: Lindner (16) - Beck (20) - Schumann (23) - Voigt (29) - Brandt (31) - Becker (75)

Duitsland verloor in de Eerste Wereldoorlog 900.000 soldaten op de slagvelden van Frankrijk en België. De Duitse regering sloot in 1954 met de Franse staat een overeenkomst, waarbij hun militaire begraafplaatsen vanaf 1966 in eigen regie zouden onderhouden worden.

Thans zijn er nog 192 Duitse militaire begraafplaatsen uit W.O. I. in Frankrijk. Duitsland huldigt eveneens de idee van "Einzelgrab" of enkel-of individueel graf, met grafzerk in metaal ingeplant in een betonblok van 35 kg. met één naam. Er zijn echter veel uitzonderingen.

Verder komen op meerdere begraafplaatsen een massagraf (= Kameradengrab) voor. De Joodse gesneuvelden kregen een aan de top afgeronde natuursteen met bovenaan een opschrift in het Hebreeuws, dat vertaald in het Nederlands luidt :

    HIER LIGT BEGRAVEN ....

Onderaan werd dan ook veelal een tekst eveneens in het Hebreeuws aangebracht uit het Duitse :

"MÖGE SEINE SEELE EINGEFLOCHTEN SEIN IN DEN KREIS DER LEBENDEN "

De Duitse militaire begraafplaatsen
in Noord-Frankrijk

(Een tweede cijfer na / duidt op het aantal begravenen in een massagraf = Kameradengraben)

A. Département du Nord
- Annoeulin :	1627
- Assevent :	363/31
- Bauvin :	2211
- Beaucamps - Ligny :	2070/558
- Bouchain :	1676
- Bousbecque :	2330
- Cambrai :	7989/2.746

Naast 191 Russen en 6 Roemenen en British Cemetery.
- Caudry :	1.632 / 1.562
- Férin :	2.141

Naast 17 Russen
- Fournes-en-Weppe :	1.807 / 177
- Frasnoy :	3.038 / 1.439
- Halluin :	1.397
- Haubourdin :	1.000
- Illies :	2.890 / 255
- Lambersart :	4.689 / 401
- Le Cateau :	5.381 / 195
- Lille - Süd :	2.888
- Pont-de-Nieppe :	790
- Quesnoy-s.-Deule :	1656/308
- Salomé :	2.552
- Séclin :	1.188
- Selvigny :	2.613 / 1.380
- Steenwerck :	2.048
- Verlinghem :	1.157
- Wambrechies :	2.348
- Wavrin :	976
- Wervicq – Sud :	2.498
- Wicres - Village :	2.824
- Zuydcoote :	170/31

B. Département Pas-de-Calais
- Achiet-le-Petit :	1.314
- Billy-Berclau :	1.683
- Billy-Montigny :	2.511
- Carvin :	6.113
- Courrières :	2.216
- Dourges :	2.988
- Ecourt-St.-Quentin :	1.566/12
- Laventie :	1.978
- Lens-Sallaumines :	8.207 / 7.439
- Meurchin :	828
- Neuville-St.-Vaast :	36.793 / 8.040

(De grootste Duitse militaire begraafplaats van W.O. I in Frankrijk)
- Oignies :	743
- Rumancourt :	2.618
- Pont-à-Vendin :	779
- Sailly-sur- a Lys :	5.496
- Sapignies :	1.550
- St.- Laurent-Blangy :	7.069/24.870
- Villers-au-Flos :	2.449

Bousbecque Deutscher Soldatenfriedhof
De begraafplaats is gelegen achteraan het burgerlijk kerkhof, aan de D 64 Bousbecques-Linselles.

Aan de ingang staat de vermelding :
1 9 1 4
HIER RUHEN DEUTSCHE SOLDATEN
1918

Het aantal graven met telkens één naam bedraagt 2.330, waaronder acht Joden. Het werd aangelegd in 1915 en door de Franse staat uitgebreid in 1920 en 1923.

Op dinsdag 20 juni 2000 werd hier een monument geplaatst, met daarop de Gotische tekst:

Overzicht van het Bousbecque Deutscher Soldatenfriedhof.

"IHR WERDET NIE VERGESSEN SEIN. GEWIDMET 10.R.B. 23. I.R. – DEM IN HOLLEBEKE GEFALLENEN TAPFEREN KAMERADEN."

Het monument werd gebouwd door het 23ᵉ Infanterieregiment en was bestemd voor een van de drie (thans verdwenen) Duitse begraafplaatsen in Hollebeke. Het werd ingeplant op private grond van Edmond Hasbroucq in 23, rue de Linselles in Bousbecque. In juni 2000 werd het naar hier overgebracht.

De gesneuvelden kwamen uit garnizoenen gekazerneerd in Oostpreussen, Pommern, Schlesien, Sachsen, Niedersachsen, Thüringen, Hessen, Schlesswig-Holstein, de Hansasteden, Brandenburg Mark, de Rheinländer, evenals in Würtemberg, Bayern en Lotharingen.

Er zijn vier vierkante blokken graven genummerd van 1 tot en met 4.

De Stabsarzt Siegfried Blackstein - 7.6.1917 – ligt begraven in blok 3 – graf 148, Ulan Karl Noack – 14.04.1918 in 4 – 95.
De familienaam Müller komt 33 maal voor.

Bousbecque burgerlijk kerkhof
- Er rusten hier zes Britse gesneuvelden:
- Corp. F. Caves – Royal Fusiliers – 2 juni 1916
- Priv. J. Taylor – Cheshire Regt. – 18 mei 1917
- Priv. T. Tongue (31) – Royal Fusiliers – 6 juli 1917
- Flight Sub Lieutenant (20) D.W. Ramsay – Royal Air Service - 7 juli 1917
- Sec. Lt. W.L. Mills (19) – R.F. Art – RFC – 9 mei 1917   Grafschrift :

Monument op het Bousbecque Deutscher Soldatenfriedhof.

"AU REVOIR"
- Priv. H. Felgate (24) - N. Staffordshire Regt.
– 2 mei 1916 Grafschrift :
PEACE PERFECT PEACE
WITH LOVED ONE FAR AWAY
FROM MOTHER & SISTERS

Halluin Deutscher Soldatenfriedhof

Deze begraafplaats is gelegen in de Rue Frères Martel en ligt goed verscholen voor straatzicht achter een bakstenen muurtje, met een klein ingangsdeurtje naast het burgerlijk kerkhof. Dhr. Grymonprez, die rechtover woont in Nr. 29, is houder van de sleutel.

Het bestaat uit twee delen. Het voorste deel (blok 1 en 2) bestaat uit gevallenen van 1914, 1915 en 1916. Het tweede deel (blok 3) , dat beplant is met dennen heeft gesneuvelden van juni 1917, het Duitse offensief van april 1918 en het tegenoffensief van augustus-september 1918. Zeshonderd Duitse gewonden overleden in een lazaret in Tourcoing werden door de Fransen na de oorlog hier begraven.

Er liggen hier 1397 Duitse gesneuvelden – waaronder negen onbekenden en zeven Joodse slachtoffers – evenals een Franse soldaat. Hun eenheden lagen in de 'Heimat, gekazerneerd in Berlijn (Pruisische Garde), Sachsen, Anhalt, Posen, Schlesien, Thüringen, Pommern, Hessen, Baden, Bayern, Westfalen, Westpreussen, Braunschweig, Lothringen en in de Hansasteden Bremen, Hamburg en Lübeck.

- Karl Andriesen   1 - 80
  27 – 05 – 1918
  Piloot

Het monumentje op de begraafplaats is een oeuvre van architect Robert Tischler. De familienaam Müller komt hier 26 maal voor.

Op het burgerlijk kerkhof naast de scheidingsmuur is er een klein perk met 43 Britse graven, waaronder acht van W.O. II, met één onbekende. Ze stierven op 25 of 26 mei 1940.

De 35 slachtoffers van W.O. I sneuvelden in november 1914, september 1915, mei 1916 of in juli 1917. Er is één Nieuw-Zeelander en één Canadees. Zij komen uit verschillende regimenten : Royal Welch, Staffordshire, Coldstream, Irish Guards etc. Onder hen is er een 1e luitenant en twee 2e luitenanten, allebei van het Royal Flying Corps.

Pont-de-Nieppe Deutscher Soldatenfriedhof

Bij het betreden van het kerkhof van Pont-de-Nieppe bemerkt men van op afstand rechts aan het einde van de begraafplaats het opofferingskruis met bronzen zwaard van het Britse "cemetery" (zie deel 3 – pag. 79)

Daartegenover is het "Soldatenfriedhof" links aanleunend aan de burgerlijke begraafplaats verscholen achter een haag. Het werd aangelegd door de Franse staat in december 1920, voor 790 Duitse slachtoffers van de gevechten in de streek van april tot september 1918, 21 onder hen "blieben ohne Namen" en zijn dus onbekend. In 1978 werden ook hier de houten kruisjes vervangen door metalen individuele kruisjes, in drie blokken aangelegd. De slachtoffers hadden hun kazerne in Schlesien – Posen – Westpreussen – Bayern en in de Mark Brandenburg. (De begraafplaats ligt langs de D 933 Armentières – Bailleul.)

Quesnoy-sur-Deule Deutscher Soldatenfriedhof

Naast het burgerlijk kerkhof aan de D 36 richting Linselles, werden in zogenaamde 'Einzelgräber' 1656 Duitse gevallenen begraven in vier blokken. Stenen zerkjes

De ingang van Pont-de-Nieppe Deutscher Soldatenfriedhof.

vermelden 1 – 2 – 3, soms 6 namen. Er is bovendien nog een 'Kameradgraben' met 308 stoffelijke resten.

Op rode basaltsteen uit de Weserstreek op het einde van het kerkhof is er de vermelding :

HIER RUHEN 308
DEUTSCHE SOLDATEN

Op een grote stenen blok, in het midden van deze begraafplaats staat te lezen :

"SELIG SIND DIE DA LEID TRAGEN,
DENN SIE SOLLEN GETRÖSTET WERDEN"

RUHET IN FRIEDEN,
DAS EWIGE LICHT LEUCHTE EUCH

UND SETZT IHR NICHT DAS LEBEN EIN,
NIE WIRD EUCH DAS LEBEN
GEWONNEN SEIN

EHRE DEN HELDEN
SIE FIELEN FÜRS VATERLAND.
1914 – 1918

Het aantal onbekenden bedraagt 28.
De gevallenen kwamen uit Sachsen en Bayern, Württemberg, Hessen, Mecklenburg, Schlesien, Pommern, Brandenburg evenals uit Elzas en Lotharingen. De beplanting bestaat hier uit axus.

Eén onder hen was werkman : August Escher – 27-02-1916 (4-16), verder een dokter – geneesheer, Dr. Assistenz – Arzt Otto Fischbach – 11-11-1914 (1-198) en vijf Uhlanen (1-193, 1-107, 3-61, 1-191).

Steenwerck Deutscher Soldatenfriedhof
Aan de ingang staat in hardmetaal te lezen :
ICI REPOSENT 2048 SOLDATS ALLEMANDS
HIER RUHEN 2048 DEUTSCHE SOLDATEN

Quesnoy-sur-Deule Deutscher Soldatenfriedhof

Steenwerck Deutscher Soldatenfriedhof

Daaronder drie onbekenden. In 1969 werden de stoffelijke resten van twaalf soldaten opgegraven tijdens bouwwerken hier bijgezet.

Een kleine kolom achteraan de begraafplaats breekt wat de eentonigheid van de plaats. De ijzeren kruisjes dragen twee, meestal vier (twee vooraan en twee achteraan) namen van gesneuvelden in de zogenaamde Leieslag (april 1918). Er zijn zes blokken graven.

Zerkje 5/138 is uit arduin en boogvormig met Davidsster voor Karl Wertheimer, Musketier (13 april 1915)

De slachtoffers kwamen uit kazernes gelegen in Sachsen, Schlesien, Thüringen, Pommern, Hessen, Bayern, Westfalen, Westpreussen, Rheinland, Elzass en Lotharingen.

Verlinghem Deutscher Soldatenfriedhof

Van het medisch korps rusten hier :
- Hilfsarzt Albert Filbert   2-269
  05.05.1918

- Unterarzt Rudolf Meier   4-114
  16.04.1918

- Dr. Feldarzt Karl Woerner   2-39
  18.05.1918

(De begraafplaats ligt aan D 77 1 km oostelijk van de dorpskom. Het klein monumentje stond oorspronkelijk op de Duitse begraafplaats in Fourmies)

Verlinghem Deutscher Soldatenfriedhof
Op deze begraafplaats gelegen langs de baan N 354 van Verlinghem naar Perenchies wordt de laatste rustplaats van 1.157 Duitse soldaten waaronder één onbekende wat opgesmukt door zware symboolkruisen uit natuursteen. De houten kruisjes werden in 1971 vervangen door de huidige platte tegels uit natuursteen, met telkens drie namen met datum.

Hier liggen ook Duitse soldaten begraven, die aan hun opgelopen verwondingen bezweken in lazaretten in Tourcoing. De "Heimatgarnisonen" van deze soldaten lagen in Baden, Bayern, Hessen, Thüringen, Sachsen, Brandenburg, Posen, Schlesen en Westpreussen.

Wambrechies Deutscher Soldatenfriedhof

Wambrechies Deutscher Soldatenfriedhof

2348 gesneuvelden rusten hier in individuele graven waaronder 33 onbekenden, gemarkeerd door metalen kruisjes, die in 1979 de houten kruisjes vervangen. Ieder kruisje vermeldt 2 of 4 namen met datum. Er zijn 11 Joden.

De begraafplaats is gelegen tussen Wambrechies en Quesnoy – sur – Deule bij de D 108. De begraafplaats bestaat uit "Block" 1 tot en met 6.

- Dr. Assistenzarzt Martin Herrmann   4-373
  28.07.1915

- Feldarzt Walter Myluis   3-482
  28.07.1915

- Georg Brumm   3-164
  18.12.1916
  "Zivilarbeiter"

Wervicq – Sud Deutscher Soldatenfriedhof

Het totaal aantal graven bedraagt 2498 met kleine zwarte metalen kruisjes – die in 1974 de houten kruisjes vervangen - en arduinen zerkjes (voor 13 Joden). Er liggen 36 onbekenden.

De begraafplaats werd in 1921 aangelegd door de Franse staat : op verzoek van de familie Dalle werden de stoffelijke resten uit het park Dalle naar hier overgebracht. Daar was Feldlazarett 9 gevestigd geweest vanaf kerstdag 1915. Het daar nog bestaande Duitse monument werd in 1984 ongeveer 50 meter verplaatst. De begraafplaats bevindt zich bij het park Dalle en bestaat uit zes blokken graven.

De doden behoorden tot legereenheden met garnizoen vooral in Bayern, maar ook in Würtemberg, Hessen, Thüringen, Niedersachsen, Schleswig-Holstein, Sachsen; Ost-

Wervicq – Sud Deutscher Soldatenfriedhof

Preussen, Schlesien, Mark Brandenburg en ook in de Hansasteden Bremen, Hamburg en Lübeck.

- Dr. Paulus Reerhemius 2 – 486
  22.04.1918
  Stabsarzt

- Ernst Sappert 2 – 158
  25.07.1918
  Flieger

Opmerkelijk is dat hier zes muzikanten begraven liggen:
- Anton Czermak 2 – 35
  31.10.1918
  Musiker

- Philipp Gilberg 2-136
  08.08.1915
  Musiker

- Jozef Herzig 2 – 31
  13.11.1918
  Musiker

- Reinhold Kolbe 2-27
  28.12.1918
  Musiker

- Hermann Naumann 2-101
  09.10.1914
  Musiker

- Hans Rosenke 2-233
  21.07.1917
  Musiker

- Robert Wallitz 2-36
  28.10.1918
  Musiker

Wervicq – Sud Deutscher Soldatenfriedhof

Boekhandel en Uitgeverij
DE KRIJGER

E-mail : de.krijger@proximedia.be

DORPSSTRAAT 144   9420 Erpe   Tel: 053/80.84.49   Fax: 053/80.84.53

DE KRIJGER is gespecialiseerd in de krijgsgeschiedenis van de Bronstijd tot de laatste conflicten. De winkel is ondergebracht in een oude brouwerij en er vinden meer dan 30.000 titels (circa 80.000 boeken !) onderdak op een oppervlakte van ruim 500m″. Er is een ruime en unieke keus uit de Romeinse periode, de Napoleontische, de Amerikaanse Burgeroorlog, de Eerste Wereldoorlog, oude en moderne vuurwapens, zware wapens, tanks, militaire voertuigen en veel meer. Een volledige verdieping is voorbehouden voor de Tweede Wereldoorlog.

De boeken zijn geklasseerd volgens onderwerp. Zo staan dan ook oude, uitverkochte en nieuwe boeken broederlijk naast elkaar. Vele publicaties die nauwelijks of nooit in Europa in de handel kwamen, zijn bij **DE KRIJGER** vlot verkrijgbaar ! Wellicht is **DE KRIJGER** de grootste in zijn specialiteit in Europa !!

Op zoek naar een reeds lang uit de handel verdwenen boek ? Geen nood. **DE KRIJGER** heeft een kosteloze zoekdienst die het voor u zoekt. Breng ons uw lijst, hij blijft geldig tot levering of annulatie !

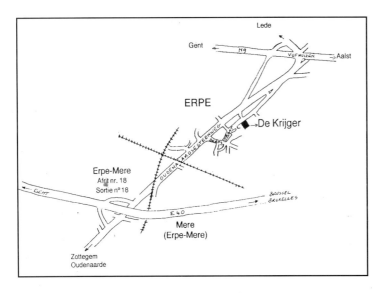

DE KRIJGER koopt ook uw oude boeken, tijdschriften en verzamelingen (in elke taal). Gooi niets weg, het is altijd wel iets waard bij **DE KRIJGER**.

De winkel is open van maandag tot zaterdag van 14 tot 19 uur.
We zijn gemakkelijk te bereiken via de E40 Gent-Brussel afrit 18.

Tot ziens in Erpe ?